厚大®法考
Judicial Examination

2024 年国家法律职业资格考试

法考精神体系

万能金句·设问角度·三位一体

商 法

采 分 有 料

主·观·题

鄢梦萱◎编著｜厚大出品

中国政法大学出版社

一种理想　就是一种力

《《 厚大在线 》》

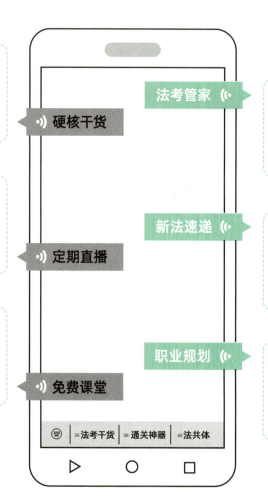

八大学科学习方法、新旧大纲对比及增删减总结、考前三页纸等你解锁。

硬核干货

备考阶段计划、心理疏导、答疑解惑，专业讲师与你相约"法考星期天"直播间。

定期直播

图书各阶段配套名师课程的听课方式，课程更新时间获取，法考必备通关神器。

免费课堂

法考管家

法考公告发布、大纲出台、主客观报名时间、准考证打印等，法考大事及时提醒。

新法速递

新修法律法规、司法解释实时推送，最高院指导案例分享；牢牢把握法考命题热点。

职业规划

了解各地实习律师申请材料、流程，律师执业手册等，分享法律职业规划信息。

法考干货｜通关神器｜法共体

更多信息
关注厚大在线

HOUDA

做法治之光

——致亲爱的考生朋友

如果问哪个群体会真正认真地学习法律，我想答案可能是备战法考的考生。

当厚大的老总力邀我们全力投入法考的培训事业，他最打动我们的一句话就是：这是一个远比象牙塔更大的舞台，我们可以向那些真正愿意去学习法律的同学普及法治的观念。

应试化的法律教育当然要帮助同学们以最便捷的方式通过法考，但它同时也可以承载法治信念的传承。

一直以来，人们习惯将应试化教育和大学教育对立开来，认为前者不登大雅之堂，充满填鸭与铜臭。然而，没有应试的导向，很少有人能够真正自律到系统地学习法律。在许多大学校园，田园牧歌式的自由放任也许能够培养出少数的精英，但不少学生却是在游戏、逃课、昏睡中浪费生命。人类所有的成就靠的其实都是艰辛的训练；法治建设所需的人才必须接受应试的锤炼。

应试化教育并不希望培养出类拔萃的精英，我们只希望为法治建设输送合格的人才，提升所有愿意学习法律的同学整体性的法律知识水平，培育真正的法治情怀。

厚大教育在全行业中率先推出了免费视频的教育模式，让优质的教育从此可以遍及每一个有网络的地方，经济问题不会再成为学生享受这些教育资源的壁垒。

最好的东西其实都是免费的，阳光、空气、无私的爱，越是弥足珍贵，越是免费的。我们希望厚大的免费课堂能够提供最优质的法律教育，一如阳光遍洒四方，带给每一位同学以法律的温暖。

没有哪一种职业资格考试像法考一样，科目之多、强度之大令人咂舌，这也是为什么通过法律职业资格考试是每一个法律人的梦想。

法考之路，并不好走。有沮丧、有压力、有疲倦，但愿你能坚持。

坚持就是胜利，法律职业资格考试如此，法治道路更是如此。

当你成为法官、检察官、律师或者其他法律工作者，你一定会面对更多的挑战、更多的压力，但是我们请你持守当初的梦想，永远不要放弃。

人生短暂，不过区区三万多天。我们每天都在走向人生的终点，对于每个人而言，我们最宝贵的财富就是时间。

感谢所有参加法考的朋友，感谢你愿意用你宝贵的时间去助力中国的法治建设。

我们都在借来的时间中生活。无论你是基于何种目的参加法考，你都被一只无形的大手抛进了法治的熔炉，要成为中国法治建设的血液，要让这个国家在法治中走向复兴。

数以万计的法条，盈千累万的试题，反反复复的训练。我们相信，这种貌似枯燥机械的复习正是对你性格的锤炼，让你迎接法治使命中更大的挑战。

亲爱的朋友，愿你在考试的复习中能够加倍地细心。因为将来的法律生涯，需要你心思格外的缜密，你要在纷繁芜杂的证据中不断搜索，发现疑点，去制止冤案。

　　亲爱的朋友，愿你在考试的复习中懂得放弃。你不可能学会所有的知识，抓住大头即可。将来的法律生涯，同样需要你在坚持原则的前提下有所为、有所不为。

　　亲爱的朋友，愿你在考试的复习中沉着冷静。不要为难题乱了阵脚，实在不会，那就绕道而行。法律生涯，道阻且长，唯有怀抱从容淡定的心才能笑到最后。

法律职业资格考试不仅仅是一次考试，它更是你法律生涯的一次预表。

我们祝你顺利地通过考试。

不仅仅在考试中，也在今后的法治使命中——

不悲伤、不犹豫、不彷徨。

但求理解。

厚大®全体老师　谨识

九民纪要	全国法院民商事审判工作会议纪要
公司法解释	最高人民法院关于适用《中华人民共和国公司法》若干问题的规定
担保制度解释	最高人民法院关于适用《中华人民共和国民法典》有关担保制度的解释
婚姻家庭编解释	最高人民法院关于适用《中华人民共和国民法典》婚姻家庭编的解释
破产法解释	最高人民法院关于适用《中华人民共和国企业破产法》若干问题的规定
破产审判纪要	全国法院破产审判工作会议纪要
票据规定	最高人民法院关于审理票据纠纷案件若干问题的规定
保险法解释	最高人民法院关于适用《中华人民共和国保险法》若干问题的解释
反不正当竞争法解释	最高人民法院关于适用《中华人民共和国反不正当竞争法》若干问题的解释

目 录

CONTENTS

第一部分 ▶ 知识点精粹 001

专题 *1* 公司法和民法结合 001

考点 1   公司法人人格否认规则在解决公司债务纠纷中
         的运用 001

考点 2   股东出资对公司债务清偿的影响 004

考点 3   公司债务清偿的其他情形 006

考点 4   关联交易纠纷 008

考点 5   公司担保纠纷 010

考点 6   股权让与担保 013

考点 7   对赌协议 016

考点 8   股权转让纠纷 017

考点 9   股东请求公司收购纠纷 023

考点 10   公司其他与民法相关的纠纷 025

专题 *2* 公司法和民事诉讼法结合 028

考点 11   人格否认诉讼-当事人的诉讼地位 028

考点 12　股东代表诉讼 ·· 029

考点 13　股东查阅、复制权诉讼 ······························· 032

考点 14　利润分配请求权的诉讼规则（分红权诉讼）·········· 034

考点 15　股东解散公司诉讼 ······································· 036

考点 16　公司股东诉讼（总结）·································· 039

专题 3　公司法高频考点 ·· 041

考点 17　股东出资方式合法性的判断 ··························· 041

考点 18　股东违反出资义务的常见情形和处理 ················ 045

考点 19　股东资格、股东义务 ·································· 050

考点 20　公司决议的效力判断 ·································· 055

考点 21　董事、监事、高级管理人员 ··························· 058

考点 22　（有限责任公司）公司的组织机构 ··················· 064

考点 23　注册资本的变更、公司收益分配、公司清算 ········· 068

专题 4　破产法和民法结合 ··· 074

考点 24　破产对合同、债权的影响 ····························· 074

考点 25　保证债权的特殊规则 ·································· 077

考点 26　破产程序中对债务的清偿（撤销权、抵销权、
　　　　　清偿债务）··· 080

考点 27　涉及债务人财产的纠纷（追回权、取回权）··········· 083

专题 5　破产法和民事诉讼法结合 ·································· 087

考点 28　破产中的特殊程序问题 ································· 087

考点 29　关联企业破产案件 ······································· 089

专题 6　公司涉及票据纠纷 ··· 091

考点 30　票据法和民法、民事诉讼程序的结合 ················ 091

专题 7　公司涉及其他部门法纠纷 ·································· 095

考点 31　公司涉及证券交易的纠纷 ····························· 095

考点 32　公司涉及财产保险的纠纷 ····························· 097

考点 33　公司和合伙企业相关的纠纷 ……………………………… 099

考点 34　公司涉及市场规制纠纷（垄断、不正当竞争行为）…… 103

考点 35　公司（用人单位）和劳动者之间的纠纷 ………………… 105

考点 36　公司涉及专利的纠纷 ……………………………………… 107

第二部分 ▶面批面改　　　　　　　　　　　　　　　　　110

案例 1　萱草公司担保纠纷系列案 ………………………………… 110

案例 2　萱草公司涉专利、保险、证券欺诈系列纠纷案 ………… 115

案例 3　萱草公司关联交易、增资纠纷案………………………… 119

命题索引 *INDEX*

设问 1　当公司债务不能清偿时，债权人主张股东 A 对公司债务
承担连带责任，能否得到法院支持？ …………………… ▶ 002

设问 2　（出资瑕疵）本案中，谁应当对公司债务承担清偿责任？
或问：公司债务如何清偿？ ………………………………… ▶ 005

设问 3　（代持情形）萱草公司债务如何清偿？ ………………… ▶ 005

设问 4　公司是否应当清偿甲公司和 A 公司的债权？应当如何
清偿？ ……………………………………………………… ▶ 007

设问 5　公司解散后，因未及时清算导致公司财产毁损、灭失的，
公司的债务应当如何清偿？ ……………………………… ▶ 007

设问 6　因关联交易导致的公司损失，谁应当对公司承担赔偿责任？
或问：就该损失，其他股东可采取何种救济措施？ ……… ▶ 009

设问 7　债务人 A 公司将主要财产以明显不合理低价转让给其关联
公司 B 公司，该财产转让合同效力如何确定？ …………… ▶ 009

设问 8　当债务人 A 公司不能清偿时，萱草公司（担保人）是否
承担担保责任？ …………………………………………… ▶ 012

设问 9　萱草公司与债权人 A 签订的股权变更协议的性质如何？
其法律效力如何？ ………………………………………… ▶ 015

设问 10　外部投资者 A 与萱草公司股东 B 签订的"估值调整协议"
是否有效？（与股东签订对赌协议）或问：外部投资者 A
与萱草公司签订的"估值调整协议"是否有效？（与公司
签订对赌协议） …………………………………………… ▶ 016

设问 11　股东 A 将其股权转让时，其他股东是否可以行使优先
购买权？ …………………………………………………… ▶ 020

设问 12　股东 A 将股权转让给外人 C，该股权转让合同是否有效？
另一股东 B 可以主张何种救济措施？ ⋯⋯⋯⋯⋯⋯ ▶ 020

设问 13　股东 A 将股权转让给外人 C 时，另一股东 B 主张优先
购买权的，股权受让人 C 可以主张何种救济措施？ ⋯⋯ ▶ 021

设问 14　股东 A 和外人 C 签订了股权分期付款的转让协议，能否
类推适用《民法典》第 634 条第 1 款关于分期付款的
规定进行处理？ ⋯⋯⋯⋯⋯⋯⋯⋯⋯⋯⋯⋯⋯ ▶ 021

设问 15　（特殊的股权转让）股东 A 能否转让其未出资完毕的股权？
或问：股东 A 能否转让其未到期股权？股东 A 是否应对公
司债务承担清偿责任？或问：股东 A 隐瞒出资违约的事实，
现将自己的股权转让给第三人 B，你作为 B 的律师，如何
维护 B 的利益？ ⋯⋯⋯⋯⋯⋯⋯⋯⋯⋯⋯⋯⋯ ▶ 022

设问 16　公司章程约定"人走股留"条款是否有效？ ⋯⋯⋯⋯ ▶ 024

设问 17　（公司陷入经营僵局或股东之间矛盾重重）股东 A 要求
公司（或其他股东）收购自己的股权。该主张能否得到
法院的支持？ ⋯⋯⋯⋯⋯⋯⋯⋯⋯⋯⋯⋯⋯⋯ ▶ 025

设问 18　公司设立阶段所签订的合同是否有效？如何承担合同责任？
为什么？ ⋯⋯⋯⋯⋯⋯⋯⋯⋯⋯⋯⋯⋯⋯⋯⋯ ▶ 026

设问 19　设立协议在公司成立后即被章程取代的主张，能否得到
支持？ ⋯⋯⋯⋯⋯⋯⋯⋯⋯⋯⋯⋯⋯⋯⋯⋯⋯ ▶ 027

设问 20　债权人提起公司人格否认诉讼，法院如何确定当事人的
诉讼地位？或问：构成人格否认时，债权人应当如何
救济？ ⋯⋯⋯⋯⋯⋯⋯⋯⋯⋯⋯⋯⋯⋯⋯⋯⋯ ▶ 029

设问 21　针对本案情形，股东 A 可以采取何种救济措施？或问：
股东 A 如何提起诉讼？或问：股东 A 的诉讼请求能否
得到支持？ ⋯⋯⋯⋯⋯⋯⋯⋯⋯⋯⋯⋯⋯⋯⋯⋯ ▶ 032

设问 22　股东 A 欲查阅公司账簿，需要满足哪些条件？ ⋯⋯⋯ ▶ 034

设问 23　分析萱草公司拒绝股东 A 查阅财务会计账簿的理由是否
成立？为什么？ ⋯⋯⋯⋯⋯⋯⋯⋯⋯⋯⋯⋯⋯⋯ ▶ 034

设问 24　股东 A 要求法院判决公司分配利润，其诉讼请求能否得到法院支持？ 或问：对公司分红方案有异议的股东可以采取何种救济手段？ ················· ▶ 035

设问 25　股东 A 请求解散公司的诉讼请求能否得到法院的支持？ 或问：法院作出解散公司的判决是否合理？为什么？······ ▶ 038

设问 26　萱草公司股东协商同意由公司收购争议股东张某的股权的，是否合法？ ··············· ▶ 038

设问 27　以非货币形式向公司出资，应办理什么手续？ ··············· ▶ 042

设问 28　股东 A 以受贿所得的货币出资，能否取得股权？ 或问：对以受贿所得的货币出资形成的股权，应当如何处置？······ ▶ 042

设问 29　如何评价股东的出资行为和法律效果？ ··············· ▶ 042

设问 30　原所有权人能否请求公司返还股东 A 用以出资的标的物？ ··············· ▶ 043

设问 31　股东 A 以受贿所得的一套房屋出资，萱草公司能否取得该房屋的所有权？ 或问：该案应当如何处理？ ················· ▶ 043

设问 32　房屋（或知识产权）权属登记与交付相分离时，如何确定享有股东权的时间？ ··············· ▶ 044

设问 33　股东 A 以自己持有的甲公司的股权出资设立萱草公司，该出资是否符合法律规定？ ··············· ▶ 044

设问 34　某股东的行为是否构成抽逃出资？应当如何处理？ ········ ▶ 048

设问 35　股东违反出资义务时，要承担何种责任？ 或问：公司可以采取哪些救济手段？ 或问：谁对公司债务承担清偿责任？ ··············· ▶ 048

设问 36　股东能否以超过诉讼时效为由，拒绝缴付出资？为什么？ ··············· ▶ 049

设问 37　某笔资金约定不明时，甲和 A 公司形成何种法律关系？为什么？ ················· ▶ 052

设问 38 股权代持股纠纷中，实际出资人要求萱草公司变更股东，将
自己记载于股东名册的诉讼请求能否得到法院支持？ ⋯⋯ ▶ 053

设问 39 名义股东未经实际出资人同意转让股权，第三人是否能够取
得该股权？ 或问：在股权被强制执行中，实际出资人提出的
案外人执行异议能否得到法院支持？ ⋯⋯⋯⋯⋯⋯⋯⋯⋯⋯ ▶ 053

设问 40 （两次股权转让情形）股权转让的受让人能否取得该股权？
或问：谁可以取得股东资格？ 或问：该股权转让对原受让
人造成损失的，应当如何处理？ ⋯⋯⋯⋯⋯⋯⋯⋯⋯⋯ ▶ 054

设问 41 股东 A 滥用股东权，损害了股东 B 的利益，B 可以采取何种
救济手段？ ⋯⋯⋯⋯⋯⋯⋯⋯⋯⋯⋯⋯⋯⋯⋯⋯⋯⋯ ▶ 055

设问 42 萱草公司股东会（董事会）决议是否有效？ 为什么？ ⋯⋯ ▶ 057

设问 43 关于萱草公司的决议瑕疵，股东可以采取哪些救济手段？
或问：因决议瑕疵，股东 A 主张萱草公司和第三人的合同
无效的主张能否得到法院支持？ ⋯⋯⋯⋯⋯⋯⋯⋯⋯⋯ ▶ 058

设问 44 萱草公司董事会的组成是否合法？ 或问：公司组织机构和
组成人员是否合法？ ⋯⋯⋯⋯⋯⋯⋯⋯⋯⋯⋯⋯⋯⋯⋯ ▶ 062

设问 45 某公司股东会解聘董事 A，是否符合法律规定？ A 可以采取
何种救济措施？ ⋯⋯⋯⋯⋯⋯⋯⋯⋯⋯⋯⋯⋯⋯⋯⋯ ▶ 062

设问 46 董事（或总经理、法定代表人）A 提出辞职但未获得股东会
（或董事会）批准，该辞职是否生效？ 何时生效？ ⋯⋯⋯ ▶ 062

设问 47 本案董事、高级管理人员的行为是否合法？ 对上述行为，
公司可以采取哪些措施？ ⋯⋯⋯⋯⋯⋯⋯⋯⋯⋯⋯⋯⋯ ▶ 063

设问 48 公司监事会罢免董事长职位，是否合法？ ⋯⋯⋯⋯⋯⋯⋯ ▶ 063

设问 49 股东 Y 认为自己的利益受损，要求萱草公司返还出资的请求
及理由是否成立？ 股东 Y 应当如何主张自己的权利？ ⋯ ▶ 063

设问 50 本案公司的治理机构（组织机构）是否合法？ ⋯⋯⋯⋯⋯ ▶ 067

设问 51 当公司召开股东会时，股东 A 的认缴出资未届履行期限，
他该如何行使表决权？ 或问：公司股东会作出按照实际
出资比例行使表决权的决议，该决议效力如何？ ⋯⋯⋯⋯ ▶ 067

设问 52 萱草公司增加注册资本是否符合法律规定？或问：公司增资
时，股东会决议不按照出资比例增资，是否合法？或问：
公司增资决议效力如何？ ················· ▶ 071

设问 53 在萱草公司增加（或减少）注册资本的程序中，何时产生
注册资本变更的法律效力？ ················· ▶ 071

设问 54 公司未经法定程序减资，股东是否对公司的债务承担清偿
责任？ ································· ▶ 072

设问 55 外部投资者 A 的投资款项，是否全部计入萱草公司的注册
资本？ ································· ▶ 072

设问 56 （公司清算）萱草公司解散后，其后续行为及其状态是否
符合法律规定？为什么？或问：对萱草公司的后续行为
如何评价？为什么？ ····················· ▶ 073

设问 57 萱草公司管理人发现某合同在破产申请受理前成立但尚未
履行完毕，该合同应当如何处理？ ············· ▶ 075

设问 58 双方当事人对该笔债权存有异议，现一方破产，就该异议
应当如何处理？ ························· ▶ 076

设问 59 在萱草公司破产案件中，哪些权利可作为破产债权申报？
未申报债权的权利人能否得到分配？ ··········· ▶ 076

设问 60 债权人向 A 公司申报债权后，还可采取哪些救济手段？
（可同时向保证人追偿） ··················· ▶ 079

设问 61 A 公司被受理破产后，主债权停止计息的效力是否及于
保证人 B 公司？ ························ ▶ 079

设问 62 萱草公司在破产受理前，曾经清偿的某一笔债务是否有效？
应当如何处理？ ························· ▶ 082

设问 63 萱草公司被法院受理破产，其和债权人 A 的抵销是否有效？
···································· ▶ 082

设问 64 萱草公司的抵押权人甲公司主张优先受偿的，能否得到
法院支持？ ····························· ▶ 083

设问 65　萱草公司被受理破产后，A公司出借给萱草公司用于重整的
　　　　款项的性质如何定性？如何清偿？……………………… ▶ 083

设问 66　萱草公司被受理破产后，股东A尚未缴纳完的出资应如何
　　　　处理？ ……………………………………………………… ▶ 084

设问 67　萱草公司被受理破产后，对董事、高管的非正常收入，应
　　　　如何处理？ …………………………………………………… ▶ 085

设问 68　萱草公司被法院受理破产，A公司主张从萱草公司取回
　　　　一批货物。A公司的主张能否得到法院支持？ ………… ▶ 085

设问 69　萱草公司在破产受理后（或破产受理前）将保管的A公司
　　　　的一批货物高价出售，A公司可以采取何种救济手段保护
　　　　自己的利益？ ………………………………………………… ▶ 085

设问 70　甲公司被法院受理破产后，未终结的执行程序（或保全
　　　　措施等），应当如何处理？ ……………………………… ▶ 088

设问 71　本案债务人能否为继续营业而借款？为该借款在破产受理
　　　　后设定的担保是否有效？应当如何清偿？ ……………… ▶ 089

设问 72　关联企业A、B、C三个公司均破产，能否实质合并破产？
　　　　或问：本案采取实质合并审理的，债权债务应当如何处理？
　　　　…………………………………………………………………… ▶ 090

设问 73　该张票据权利被质押，是否符合法律规定？通过质押取得
　　　　票据的甲能否主张票据权利？为什么？ ………………… ▶ 093

设问 74　该票据保证是否有效？应当如何承担票据保证责任？…… ▶ 093

设问 75　A公司在招股说明书中提供虚假营业收入和营业利润，给
　　　　投资者造成重大损失，B会计师事务所、C律师事务所……
　　　　是否承担赔偿责任？应当如何承担赔偿责任？ ………… ▶ 096

设问 76　投资者保护机构若提起特别代表诉讼，要满足哪些要求？
　　　　对于没有明确表示是否参加该诉讼的投资者，诉讼结果
　　　　是否对其具有法律效力？ ………………………………… ▶ 097

设问 77　就甲公司投保的该批货物损失，保险公司是否要承担赔
　　　　偿保险金的责任？ ………………………………………… ▶ 098

设问 78　保险公司提出的代位求偿权之诉，可以由哪个法院管辖？
　　　　　⋯⋯⋯⋯⋯⋯⋯⋯⋯⋯⋯⋯⋯⋯⋯⋯⋯⋯⋯⋯⋯⋯ ▶ 098

设问 79　保险公司向萱草公司支付赔偿金后，可以向谁主张代位
　　　　　求偿权？ ⋯⋯⋯⋯⋯⋯⋯⋯⋯⋯⋯⋯⋯⋯⋯⋯⋯⋯⋯⋯ ▶ 099

设问 80　若撤销入伙协议，新合伙人是否对入伙前甲企业的债务
　　　　　承担责任？ ⋯⋯⋯⋯⋯⋯⋯⋯⋯⋯⋯⋯⋯⋯⋯⋯⋯ ▶ 102

设问 81　如何通过合伙企业构建 A 公司持股平台？ ⋯⋯⋯⋯⋯⋯ ▶ 102

设问 82　合伙人以 A 合伙企业名义与甲签订的合同是否有效？
　　　　　为什么？ ⋯⋯⋯⋯⋯⋯⋯⋯⋯⋯⋯⋯⋯⋯⋯⋯⋯⋯ ▶ 102

设问 83　A 企业（有限合伙企业）欲参与 B 公司的破产重整，成为
　　　　　B 公司的重整方。就该事项，A 企业应当如何决议？ ⋯⋯ ▶ 103

设问 84　某市场行为是否构成垄断行为？构成何种垄断行为？可以
　　　　　对其作出哪些处罚？ ⋯⋯⋯⋯⋯⋯⋯⋯⋯⋯⋯⋯⋯ ▶ 103

设问 85　判断某市场行为是否构成不正当竞争，以及构成何种不正
　　　　　当竞争行为。 ⋯⋯⋯⋯⋯⋯⋯⋯⋯⋯⋯⋯⋯⋯⋯⋯ ▶ 104

设问 86　用人单位解除与 A 的劳动合同是否符合法律规定？ ⋯⋯ ▶ 105

设问 87　发生劳动争议后，劳动者可以采取哪些救济手段？ ⋯⋯⋯ ▶ 106

设问 88　如何确定本案专利的专利权人？ ⋯⋯⋯⋯⋯⋯⋯⋯ ▶ 107

设问 89　萱草公司与 A 公司签订专利实施许可合同后，该专利权被
　　　　　宣告无效（或被采取财产保全措施）的，会发生何种法律
　　　　　后果？ ⋯⋯⋯⋯⋯⋯⋯⋯⋯⋯⋯⋯⋯⋯⋯⋯⋯⋯⋯ ▶ 107

设问 90　该行为是否构成侵犯专利权？ ⋯⋯⋯⋯⋯⋯⋯⋯⋯⋯ ▶ 108

设问 91　专利许可合同的被许可人是否可以单独提起专利侵权
　　　　　诉讼？ ⋯⋯⋯⋯⋯⋯⋯⋯⋯⋯⋯⋯⋯⋯⋯⋯⋯⋯⋯ ▶ 108

设问 92　被告在答辩期间内请求宣告该项专利权无效的，法院
　　　　　应当如何处理？ ⋯⋯⋯⋯⋯⋯⋯⋯⋯⋯⋯⋯⋯⋯⋯ ▶ 109

专题 1　公司法和民法结合

1. 公司是企业法人，有独立的法人财产，享有法人财产权。公司以其全部财产对公司的债务承担责任。（《公司法》第3条第1款）

2. 有限责任公司的股东以其认缴的出资额为限对公司承担责任。（股东有限责任原则）（《公司法》第4条第1款）

3. 公司法人人格否认的判断（《九民纪要》第10~12条）

（1）公司人格与股东人格存在混同：最根本的判断标准是公司是否具有独立意思和独立财产，最主要的表现是公司的财产与股东的财产是否混同且无法区分；

（2）操纵公司：公司控制股东对公司过度支配与控制，操纵公司的决策过程，使公司完全丧失独立性，沦为控制股东的工具或躯壳，严重损害公司债权人利益，应当否认公司人格，由滥用控制权的股东对公司债务承担连带责任；

（3）控制股东或实际控制人控制多个子公司或者关联公司，滥用控制权使多个子公司或者关联公司财产边界不清、财务混同，利益相互输送，丧失人格独立性，沦为控制股东逃避债务、非法经营，甚至违法犯罪工具的，可以综合案件事实，否认子公司或者关联公司法人人格，判令其承担连带责任。

4. 公司法人人格否认的法律责任（《公司法》第 23 条第 1、2 款；《民法典》第 83 条第 2 款）

（1）公司股东滥用公司法人独立地位和股东有限责任，逃避债务，严重损害公司债权人利益的，应当对公司债务承担连带责任；

（2）股东利用其控制的 2 个以上公司实施上述行为的，各公司应当对任一公司的债务承担连带责任。（横向人格否认）

5. 目前尚存争议的问题：我国《公司法》是否承认"逆向人格否认"？

逆向人格否认，即在出现股东滥用股东有限责任和公司法人独立地位的情况下，公司要对股东债务承担连带责任。

目前，最高法院有判决支持"一人公司"逆向人格否认，但其他公司类型尚无定论。以下案例即改编自最高法民申 2158 号：

> **案情**：甲公司与 A 公司签订《股权转让协议》，约定甲公司将其 65% 的股权有偿转让给 A 公司，并完成了股权变更登记手续，但 A 公司未完全支付对价。另查明，A 公司现持有 B 公司 100% 的股权，A 公司无法提交证据证明其和 B 公司之间财产独立。甲公司诉至法院，要求 A、B 公司承担连带责任。
>
> **问题**：B 公司是否应当对股东 A 公司的债务承担连带责任？
>
> **裁判要点**：在目前的司法实践中，在股东与公司人格混同的情形下，公司亦可对股东债务承担连带责任。本案中，A 公司未提交证据证明 B 公司的财产独立于其自己的财产，两公司在法律上应视为同一责任主体，构成人格混同。一审法院关于"B 公司与 A 公司人格混同，B 公司应对 A 公司的债务承担连带清偿责任"的认定并无不当。["华夏银行股份有限公司武汉洪山支行、北京长富投资基金股权转让纠纷再审案"，（2019）最高法民终 542 号，（2020）最高法民申 2158 号]

✏️ 命题角度分析

> **设问 1**：当公司债务不能清偿时，债权人主张股东 A 对公司债务承担连带责任，能否得到法院支持？

[对应场景] 案情出现"人格混同""过度支配与控制""资本显著不足"等各种滥用股东权的情形时，则构成人格否认。

在最高人民法院指导案例 15 号"徐工集团工程机械股份有限公司诉成都川交工贸有限责任公司等买卖合同纠纷案"中，被告 A、B、C 三个公司辩称：三个公司虽有关联，但并不混同，B、C 公司不应对 A 公司的债务承担清偿责任。本案法院主要从下列三个方面判断构成"人格否认"：①三个公司人员混同；②三个公司业务混同；③三个公司财务混同。三个公司使用共同账户，以王某（三个公司的实际控制人）的签字作为具体用款依据，对其中的资金及支配无法证明已作区分；三个公司与徐工集团工程机械股份有限公司之间的债权债务、业绩、账务及返利均计算在 A 公司名下。

[分析思路] 一看案情，二看设问。

1. 若案情中出现若干公司相互之间界线模糊且损害了债权人的利益，基本可确定是考查"公司法人人格否认"。

2. 若题目问："债权人能否要求公司股东承担责任？"可有两个考查方向：①公司法人人格否认，滥用权利的股东对公司债权人承担连带责任；②股东未缴纳出资或未足额缴纳出资，需要对公司债权人承担补充赔偿责任。（此后文述及）

[背诵金句]

1. 为矫正有限责任制度在特定法律事实发生时对债权人保护的失衡现象，公司法确立了否认公司独立人格的规则，即由滥用公司法人独立地位和股东有限责任的股东对公司债务承担连带责任。

2. 公司之间表征人格的因素（人员、业务、财务等）高度混同，导致各自财产无法区分，公司无法体现独立意思和独立财产，已丧失独立人格。

3. 股东操纵公司决策过程，使公司完全丧失独立性，实质是恶意利用公司独立人格和股东有限责任把投资风险转嫁给债权人。

4. 股东的上述行为严重损害公司债权人的利益，应当否认公司人格，由滥用控制权的股东对公司债务承担连带责任。

5. 被同一股东控制的多个公司之间出现人格否认情形，严重损害公司债权人利益的，各公司应当对任一公司的债务承担连带责任。

考点2 ▶▶▶ **股东出资对公司债务清偿的影响**

1. 出资期限

（1）有限责任公司：注册资本为在公司登记机关登记的全体股东认缴的出资额。全体股东认缴的出资额由股东按照公司章程的规定自公司成立之日起5年内缴足。（《公司法》第47条第1款）

（2）股份有限公司：注册资本为在公司登记机关登记的已发行股份的股本总额。（略）

2. 未按期足额缴纳出资股东承担的责任（《公司法解释（三）》第13条第2、3款，第15条）

（1）股东不按照规定缴纳出资的，该股东在未出资本息范围内对公司债务不能清偿的部分承担补充赔偿责任。公司的发起人与该出资瑕疵股东承担连带责任。公司的发起人承担责任后，可以向该股东追偿。

（2）注意：不构成出资瑕疵的情形。例如，出资后因市场变化或者其他客观因素导致出资财产贬值的，不构成出资瑕疵，该出资人无需承担补足出资责任。（当事人另有约定的除外）

3. 抽逃出资[1]股东承担的责任（《公司法解释（三）》第14条第2款）

公司债权人有权请求抽逃出资的股东在抽逃出资本息范围内对公司债务不能清偿的部分承担补充赔偿责任，协助抽逃出资的其他股东、董事、高级管理人员或者实际控制人对此承担连带责任。

4. 未届出资期限股东承担的责任

（1）人民法院受理破产申请后，债务人的出资人尚未完全履行出资义务的，管理人应当要求该出资人缴纳所认缴的出资，而不受出资期限的限制；（《企业破产法》第35条）

（2）公司不能清偿到期债务的，公司或者已到期债权的债权人有权要求已认缴出资但未届出资期限的股东提前缴纳出资。（《公司法》第54条）

5. 代持股法律关系中，名义股东对公司债务承担的责任（《公司法解释

---

[1] 严格来说，"抽逃出资"不属于"出资"环节，但因处理规则类似，所以本书一起介绍。

（三）》第 26 条第 1 款）

（1）代持股，是指有限责任公司中，实际出资人与名义出资人订立合同，约定由实际出资人出资并享有投资权益，以名义出资人为名义股东；

（2）对公司债务的清偿责任：公司债务不能清偿时，债权人可请求名义股东在未出资本息范围内承担补充赔偿责任。

✎ 命题角度分析

设问 2：（出资瑕疵）本案中，谁应当对公司债务承担清偿责任？或问：公司债务如何清偿？

[对应场景] 案情中出现各种和出资相关的纠纷，如货币出资未按期足额缴纳、实物出资虚假高估作价、抽逃出资等，此时又遇公司不能清偿到期债务情形。

[分析思路] 该类案件常见分析思路为：

第一步，确定是否构成"瑕疵股权"，要特别注意不构成瑕疵出资的情形。

第二步，分析股东是否对公司债务承担赔偿责任。

[背诵金句]

1.（前提：出资未到期）在注册资本认缴制下股东依法享有期限利益。未届出资期限且公司未出现不能清偿到期债务的情况时，应当以公司财产独立承担债务清偿责任，而不能盲目适用股东出资加速到期。

2.（前提：出资未到期）即使股东"未届出资期限"，但若公司不能清偿到期债务，为保护公司债权人利益，公司或者已到期债权的债权人有权要求该股东提前缴纳出资。

3.（前提：出资已经违约）该股东在未出资本息范围内对公司债务不能清偿的部分承担补充赔偿责任，设立时的其他股东与该股东承担连带责任。

4.（前提：抽逃出资）抽逃出资的股东在抽逃出资本息范围内对公司债务不能清偿的部分承担补充赔偿责任，其他协助者对此承担连带责任。

设问 3：（代持情形）萱草公司债务如何清偿？

[对应场景] 在代持股协议中，大栗（实际股东）承诺一次性出资 10 万元，

小栗是名义股东。但大栗实际仅出资 2 万元。现公司不能清偿到期债务。（此时应当由小栗对公司债权人承担清偿责任）

[背诵金句] 本案构成股权代持关系，因名义股东为公司登记事项，故为了保护公司债权人的合法权利，当公司债务不能清偿时，债权人有权请求名义股东在未出资本息范围内承担补充赔偿责任。

考点3 ▶▶ 公司债务清偿的其他情形

1. 对关联债权人的清偿，应滞后于其他非关联债权人。（理论考点）

"深石原则"：美国法院通过判例确立，深石公司在成立之初即资本不足，且其业务经营完全受被告公司所控制，经营方式主要是为了被告的利益，因此，判决被告公司对深石公司的债权应次于（滞后于）深石公司其他债权受清偿。此即"衡平居次原则"，又称"深石原则"。

（提示："深石原则"并未直接规定于我国《公司法》中，建议同学们可用于"说理部分"）

2. 清算义务人（董事）对债权人的侵权赔偿责任（《公司法》第232、238 条）

清算组成员履行清算职责，负有忠实义务和勤勉义务。

（1）董事为公司清算义务人，应当在解散事由出现之日起 15 日内组成清算组进行清算。

（2）清算义务人未及时履行清算义务，给公司或者债权人造成损失的，应当承担赔偿责任。

例如，未在法定期限内成立清算组开始清算。

（3）清算组成员因故意或者重大过失给债权人造成损失的，应当承担赔偿责任。

例如，在公司解散后，恶意处置公司财产给债权人造成损失；未经依法清算，以虚假的清算报告骗取公司登记机关办理法人注销登记；公司未经清算即办理注销登记，导致公司无法进行清算。

（4）清算组成员怠于履行清算职责，给公司造成损失的，应当承担赔偿责任。

下列情形，不构成"怠于履行"：

❶ 股东举证证明其已经为履行清算义务采取了积极措施；

❷ "有因无果，不构成怠于履行"：股东举证证明其"怠于履行义务"的消极不作为与"公司主要财产、账册、重要文件等灭失，无法进行清算"的结果之间没有因果关系，其不应对公司债务承担连带清偿责任。

3. 分公司、子公司债务的清偿（《公司法》第 13 条）

（1）分公司不具有法人资格，其民事责任由总公司承担；

（2）子公司具有法人资格，依法独立承担民事责任。

📝 命题角度分析

设问 4：公司是否应当清偿甲公司和 A 公司的债权？应当如何清偿？

[对应场景] 案情中同时出现外部债权人甲公司和关联债权人 A 公司。

例如，萱草公司的股东是 A、B、C 三公司。为维持公司的经营，萱草公司向甲公司（外部债权人）借款 100 万元。在经营中，萱草公司同时向 A 公司（股东，可称为"内部债权人""关联债权人"）借款 50 万元。后萱草公司陷入经营困境不能清偿。已查明，A 公司没有履行出资义务。现甲公司和 A 公司均要求萱草公司偿还借款。

[背诵金句]

1. 根据民法的公平原则（《民法典》第 6 条），民事主体从事民事活动，应当遵循公平原则，合理确定各方的权利和义务。本案中，A 公司既是债权人又是未履行出资义务的股东，如果将它和其他正常交易中的债权人平等受偿，违反了民法的公平原则。所以，A 公司的债权在顺序上应当劣后于正常交易中的债权人甲公司。

2. 根据"深石原则"理论，若公司债权人同时是该公司股东，且该股东有出资不足、抽逃出资、不当控制公司等情形，即当公司同时存在"关联债权"与"外部债权"时，对外部债权人优先清偿。

设问 5：公司解散后，因未及时清算导致公司财产毁损、灭失的，公司的债务应当如何清偿？

[对应场景] 公司清算时，董事未及时履行清算义务或怠于履行清算义务

导致无法清算，债权人欲追究相关主体的责任。

例如，萱草公司由大股东 A（同时是公司董事长、法定代表人）实际经营；B、C 为小股东，未参与过公司的经营管理，未担任董事、监事等职务。萱草公司被吊销营业执照后，A 躲到外地无法联系。B、C 曾委托律师对萱草公司进行清算，但由于公司多次被债权人哄抢，账册及主要财产均下落不明，清算无法进行。

问：债权人主张 A、B、C 三个股东对萱草公司债务承担连带责任的，能否得到法院支持？

答：不能。仅董事 A 应当对萱草公司债权人承担赔偿责任。

[背诵金句] 董事是公司清算义务人，其在公司清算时应当承担的清算责任，性质是怠于履行清算义务致使公司无法清算所应当承担的侵权责任。若让没有参与公司经营的股东对公司债务承担远远超过其出资数额的责任，将会出现利益明显失衡的现象。（改编自《九民纪要》）

考点 4 ▶▶ 关联交易纠纷

1. 关联关系，是指公司控股股东、实际控制人、董事、监事、高级管理人员与其直接或者间接控制的企业之间的关系，以及可能导致公司利益转移的其他关系。但是，国家控股的企业之间不仅因为同受国家控股而具有关联关系。

2. 正当的关联关系与抽逃出资的区别

（1）抽逃出资，其行为方式之一为"公司成立后，相关股东利用关联交易将出资转出且损害公司权益"。

（2）区别正当的关联关系和抽逃出资，关键在于判断是否具备"真实合法的商业目的"。

具有"真实合法的商业目的"的关联交易，应认定为合法交易；只有"以抽回出资为目的"的关联交易，才宜认定为"抽逃出资"。

3. 利用关联关系损害公司利益的处理（《公司法》第 21、22 条；《公司法解释（五）》第 1、2 条）

（1）关联交易的合同，依据民法确定其效力。

（2）公司的控股股东、实际控制人、董事、监事、高级管理人员不得利用关联关系损害公司利益。违反前述规定，给公司造成损失的，应当承担赔偿责任。

（3）关联交易损害公司利益，原告公司请求控股股东、实际控制人、董事、监事、高级管理人员赔偿所造成的损失，被告仅以该交易已经履行了信息披露、经股东会同意等法律、行政法规或者公司章程规定的程序为由抗辩的，人民法院不予支持。

（4）关联交易合同存在无效、可撤销或者对公司不发生效力的情形，公司没有起诉合同相对方的，符合条件的股东可以提起股东代表诉讼，起诉合同相对方。

✏️ **命题角度分析**

设问 6： 因关联交易导致的公司损失，谁应当对公司承担赔偿责任？ 或问：就该损失，其他股东可采取何种救济措施？

[对应场景] 案情中出现 A 公司的股东或实际控制人和 A 公司签订购销合同、借款合同，虽然该类合同经过 A 公司股东会或者董事会决议，但该类合同确实损害了 A 公司的利益。

例如，萱草公司是 A 公司的控股股东，其和 A 公司签订了市级代理商协议，但享有省级代理商价格优惠待遇，并由 A 公司垫付萱草公司的全部经营费用，这使得 A 公司一年多花费百万余元。但该项交易 A 公司召开了股东会并经合法表决通过。此案虽然 A 公司决议程序合法，但由于该关联交易给 A 公司造成了损失，因此，萱草公司仍然要对 A 公司承担赔偿责任。

设问 7： 债务人 A 公司将主要财产以明显不合理低价转让给其关联公司 B 公司，该财产转让合同效力如何确定？

[对应场景] 最高人民法院指导案例 33 号（瑞士嘉吉国际公司诉福建金石制油有限公司等确认合同无效纠纷案）的案情可概括为：A 公司的普通债权人为 C 公司，A 公司和 B 公司为关联企业。A 公司将主要财产（国有土地使用权）以明显不合理低价转让给 B 公司，B 公司在明知 A 公司欠债的情况

下，未实际支付对价。

[裁判要点] 本案判决认为，债务人将主要财产以明显不合理低价转让给其关联公司，关联公司在明知债务人欠债的情况下，未实际支付对价的，可以认定债务人与其关联公司恶意串通、损害债权人利益，与此相关的财产转让合同应当认定为无效。

[背诵金句]

1. 正当的关联交易的核心是公平。本案中，A 为控股股东（实际控制人、董事、监事、高级管理人员），其_____（具体行为，如从公司无息借款），属于利用关联关系损害公司利益，给公司造成损失时，应当承担赔偿责任。

2. 本案关联交易虽经股东会同意并履行了法定程序，但正当的关联交易的核心是公平，因违反公平原则，损害公司利益，公司依然可以主张行为人承担损害赔偿责任。

考点5 ▶▶ 公司担保纠纷

一、无需公司决议，但公司要承担担保责任的情形（《担保制度解释》第 8~10 条）

1. 金融机构开立保函或者担保公司提供担保时，虽然该公司未依照《公司法》关于公司对外担保的规定作出决议，但公司仍要承担担保责任。

2. 公司为其全资子公司开展经营活动提供担保时，虽然公司未依照《公司法》关于公司对外担保的规定作出决议，但公司仍要承担担保责任。

3. 担保合同系由单独或者共同持有公司 2/3 以上对担保事项有表决权的股东签字同意，此时无需公司作出对外担保的决议，公司即要承担担保责任。

4. 一人有限责任公司为其股东提供担保，此时无需公司作出对外担保的决议，公司即要承担担保责任。

5. 相对人根据上市公司公开披露的关于担保事项已经董事会或者股东会决议通过的信息，与上市公司订立担保合同，担保合同对上市公司发生效力，并由上市公司承担担保责任。此时无需公司作出对外担保的决议，公司即要承担担保责任。

二、其他情形，均需公司作出担保决议（《公司法》第 15 条）

1. 公司向其他企业投资或者为他人提供担保，按照公司章程的规定，由董事会或者股东会决议；公司章程对投资或者担保的总额及单项投资或者担保的数额有限额规定的，不得超过规定的限额。

2. 公司为公司股东或者实际控制人提供担保的：

（1）应当经股东会决议。

（2）被担保的股东或者受前述规定的实际控制人支配的股东，不得参加前述规定事项的表决。该项表决由出席会议的其他股东所持表决权的过半数通过。

[原理] 担保行为不是法定代表人所能单独决定的事项，除上述例外情况外，要以公司机关的决议作为担保授权的基础和来源。

三、越权担保的处理（《民法典》第 61、504 条；《担保制度解释》第 7、17 条）

越权担保，是指公司的法定代表人违反上述公司担保决议程序的规定，超越权限代表公司与相对人订立担保合同。

1. 出现越权担保，相对人为善意时，即相对人有证据证明已对公司决议进行了合理审查，担保合同对公司发生效力，公司承担担保责任。

2. 相对人的"合理审查"一般限于"形式审查"，只要求相对人尽到必要的注意义务。但是，公司有证据证明相对人知道或者应当知道决议系伪造、变造的除外。

3. 出现越权担保，且相对人非善意时，担保合同对公司不发生效力，公司在法定条件下承担赔偿责任（赔偿责任，是指主合同有效而第三人提供的担保合同无效，债权人与担保人均有过错的，担保人承担的赔偿责任不应超过债务人不能清偿部分的1/2）。

[分析思路] 该类案件常见分析思路为："一审合同，二审决议"。

第一步，考虑是否出现无需公司股东会（董事会）决议的情形。

第二步，在需要决议时，再区分是"关联担保"还是"非关联担保"。

第三步，考虑相对人是否进行了形式审查，无需对决议进行实质审查。

第四步，判断担保人承担责任的类型，是担保责任还是过错赔偿责任。

✍ 命题角度分析

设问8：当债务人A公司不能清偿时，萱草公司（担保人）是否承担担保责任？

[对应场景] 当案情中出现萱草公司没有作出担保决议，或者作出的担保决议与《公司法》或公司章程的规定不符时，要求确定萱草公司是否承担担保责任。

[例1] A公司和甲银行签订借款100万元的合同，萱草公司为该合同提供担保。判断下列情形下，甲银行是否构成善意：

（1）若A公司是萱草公司的股东。萱草公司董事会作出为该笔借款提供担保的决议。据此决议，萱草公司董事长高某与甲银行签订担保合同，该份担保合同有董事长高某的签名以及萱草公司的公章。甲银行是否尽到合理审查义务？（答：没有尽到合理审查义务，董事会决议违反法律规定，甲银行不构成善意）

（2）若A公司不是萱草公司的股东。萱草公司章程规定，为其他人提供担保需要由股东会决议，但萱草公司董事会作出为该笔借款提供担保的决议。据此决议，萱草公司董事长高某与甲银行签订担保合同，该份担保合同有董事长高某的签名以及萱草公司的公章。甲银行是否尽到合理审查义务？（答：尽到了合理审查义务，为他人担保可以由董事会决议，甲银行构成善意）

（3）若上述问题（2）中，董事会决议系法定代表人高某伪造或者变造、决议程序违法、签章（名）不实、担保金额超过法定限额等。甲银行是否尽到合理审查义务？（答：尽到了合理审查义务，甲银行仅需对决议进行形式审查，构成善意）

（4）若上述问题（2）中，萱草公司有证据证明在签订合同时一并提交了章程给甲银行。甲银行是否尽到合理审查义务？（答：没有尽到合理审查义务，甲银行不构成善意）

[例2] 枫桥公司将一栋写字楼的第18～20层分别出租给甲、乙、丙三家

公司，其中，甲公司为恒通公司的全资子公司，乙公司为恒通公司的控股子公司，丙公司为恒通公司的参股子公司。租赁合同中约定，月租金为 90 万元，3 个月一付。恒通公司的法定代表人未经公司决议，为甲、乙、丙公司的租金支付义务承担连带责任保证。（2021 年法考民法题目涉及担保的案情）

问：恒通公司是否需要对甲、乙、丙公司的租金债务承担连带责任保证？

答：恒通公司应当为甲公司的租金债务承担连带责任保证，但无需对乙、丙公司的租金债务承担连带责任保证。（理由略）

［背诵金句］

1. 公司为他人提供担保的决议机构由章程规定，可以是董事会或者股东会。

2. 公司为公司股东提供担保的，应当同时经股东会决议且排除被担保股东的表决权，由出席会议的其他股东所持表决权的过半数通过。

3. 本案担保合同满足由持有公司 2/3 以上对担保事项有表决权的股东签字同意，即使未形成公司决议，公司仍要承担担保责任。（案情可替换为：公司为全资子公司开展经营活动提供担保，或一人公司为其股东提供担保）

4. 本案相对人（债权人）对 A 公司的决议进行了合理审查，故即使 A 公司构成越权担保，也不影响担保合同的效力，A 公司承担担保责任。

5. 本案同时满足越权担保且相对人非善意，故担保合同对公司不发生效力，公司不承担担保责任，但应承担赔偿责任。（或者答：公司依据过错承担赔偿责任）

考点6 股权让与担保

一、让与担保的一般规则（《担保制度解释》第 68 条）

1. 股权让与担保合同的效力

（1）债务人与债权人约定将财产形式上转移至债权人名下，债务人不履行到期债务，债权人有权对财产折价或者以拍卖、变卖该财产所得价款偿还债务的，该约定有效；

（2）债务人与债权人约定将财产形式上转移至债权人名下，债务人不履行到期债务，财产归债权人所有的，应当认定该约定无效，但是不影响当事人有关提供担保的意思表示的效力；

（3）债务人与债权人约定将财产转移至债权人名下，在一定期间后再由债务人或者其指定的第三人以交易本金加上溢价款回购，债务人到期不履行回购义务，财产归债权人所有的，该约定无效，但是不影响当事人有关提供担保的意思表示的效力。

2. 履行债务的后果

债务人履行债务后，有权请求返还财产，或者请求对财产折价或以拍卖、变卖所得的价款清偿债务。

3. 不履行债务的后果

债务人不履行到期债务，已经完成财产权利变动的公示的，债权人有权请求参照《民法典》关于担保物权的有关规定，对财产折价或者以拍卖、变卖该财产所得的价款优先受偿。

二、股权让与担保的特殊规则

1. 股东以将其股权转移至债权人名下的方式为债务履行提供担保，公司或者公司的债权人以股东未履行或者未全面履行出资义务、抽逃出资等为由，请求作为名义股东的债权人与股东承担连带责任的，人民法院不予支持。（《担保制度解释》第69条）

2. 不要混淆：未按照公司章程规定的出资日期缴纳出资或者作为出资的非货币财产的实际价额显著低于所认缴的出资额的股东转让股权的，转让人与受让人在出资不足的范围内承担连带责任；受让人不知道且不应当知道存在上述情形的，由转让人承担责任。（《公司法》第88条第2款）

[原理] 股权让与担保≠股权转让，所以不能依据"瑕疵股权转让"的规则，要求股权受让人承担连带责任。

[图例] 瑕疵股权让与担保

📝 命题角度分析

设问9： 萱草公司与债权人A签订的股权变更协议的性质如何？其法律效力如何？

[**对应场景**] 债务人通过将股权等财产转让至债权人名下的方式，为主合同项下的债务提供担保。在该法律关系中，可能会出现若干纠纷需要解决。

例如，A公司向甲公司借款，为了担保A公司按期还款，双方约定A公司将其持有的B公司的股权转移至甲公司名下。双方同时约定，债务到期后，若A公司按时还款，则甲公司归还股权；若A公司不按时还款，则股权归债权人甲公司所有。据此协议，甲公司被记载到B公司股东名册并且变更了工商登记。双方约定债务到期后A公司不还款则股权归甲公司所有，该约定是否有效？为什么？（答：构成流质条款，该约定无效）

[**分析思路**] 该类案件常见分析思路为：

第一步，判断案情所涉法律关系是否构成让与担保。一旦确定是让与担保关系，则要依据"担保"规则，而非"转让"规则来分析。

第二步，判断是否构成流质、流押。

第三步，考虑是否完成了财产权利变动的公示，如股权变更登记。

第四步，考虑被让与担保的股权是否构成瑕疵股权。要注意案情中的细节，如是否能认定股东未按期缴纳出资、是否构成抽逃出资、是否该股东将该瑕疵股权设定了让与担保。

[**背诵金句**]

1.（合同的效力）当事人之间通过合同设定的具有担保功能的权利义务关系，不存在《民法典》规定的合同无效情形的，应当认定合同有效。

2.（是否可优先受偿）如果作为担保财产的股权等已经进行变更登记，债权人可享有优先受偿权。

3.（禁止流质）在债务人不履行到期债务时，约定（设定让与担保的）股权归债权人所有的，因为构成流质、流押条款，故该约定无效。

4.（名义股东不承担连带责任）股权让与担保法律关系中，债务人仅是形式上转让该瑕疵股权，其本质是为债务清偿提供担保，故债权人仅为"名义股东"，而非实质上受让该瑕疵股权。所以作为名义股东的债权人无需对原公司债务不能清偿部分<u>承担连带责任</u>。

考点 7 ▶▶ 对赌协议

1. 对赌协议，是指投资方与融资方在达成股权性融资协议时，为解决交易双方对目标公司未来发展的不确定性等问题而设计的包含了股权回购、金钱补偿等对未来目标公司的估值进行调整的协议。（《九民纪要》）

2. 不论是与目标公司签订对赌协议，还是与目标公司的股东签订对赌协议，只要不存在法定无效事由的情况，该协议就有效。

3. 与目标公司的股东签订对赌协议的，支持实际履行。

4. 与目标公司签订的对赌协议（《九民纪要》第 5 条第 2、3 款）

（1）投资方请求目标公司回购股权的，法院应当审查是否符合"股东不得抽逃出资"、是否符合股份回购的强制性规定。经审查，目标公司未完成减资程序的，法院应当驳回其诉讼请求。

（2）投资方请求目标公司承担金钱补偿义务的，法院应当审查是否符合"股东不得抽逃出资"、是否按照利润分配的强制性规定进行。经审查，目标公司没有利润或者虽有利润但不足以补偿投资方的，法院应当驳回或者部分支持其诉讼请求。今后目标公司有利润时，投资方×××还可以依据该事实另行提起诉讼。

[分析思路] 该类案件常见分析思路为：

第一步，辨别案情场景，确定是否属于对赌协议。

第二步，考虑是和股东对赌，还是和公司对赌。两种情形合同均有效。

第三步，考虑实际履行。若是和公司对赌，要特别注意履行方式是否违反《公司法》的规定。

✐ 命题角度分析

设问 10：外部投资者 A 与萱草公司股东 B 签订的"估值调整协议"是否有效？（与股东签订对赌协议）或问：外部投资者 A 与萱草公司签订的"估值调整协议"是否有效？（与公司签订对赌协议）

[**对应场景**]　萱草公司决定引进外部投资者 A，向 A 签发的出资证明书写明"A 出资 1000 万元，占股 5%。公司承诺 3 年内利润总额达到 4000 万元，如果到期不能完成，由公司按每年 8% 的利息返还本金和利息"。这是和目标公司签订对赌协议。

如果约定"萱草公司到期不能上市，由公司的大股东李某按每年 8% 的利息返还本金和利息"。这是和股东签订对赌协议。

[**背诵金句**]

1.（合同效力）根据民法原理，投资方与目标公司的股东/目标公司订立"对赌协议"，如无其他法定无效事由，应认定该协议有效。

2.（合同履行）基于股权性融资协议，投资方×××已经成为公司股东。由于公司是独立法人，该笔出资款已经成为公司的独立法人财产。目标公司未完成减资程序（或目标公司没有利润或者利润不足以补偿投资方），投资方×××请求目标公司回购股权（或请求目标公司承担金钱补偿义务）的，不予支持。今后目标公司有利润时，投资方×××还可以依据该事实另行提起诉讼。

考点 8 ▶▶ 股权转让纠纷

一、股权协议转让纠纷

（一）转让规则（《公司法》第 84 条）

1. 股东之间可以相互转让其全部或者部分股权，且其他股东没有优先购买权。

2. 股东向股东以外的人转让股权

（1）股东应当将股权转让的数量、价格、支付方式和期限等事项书面通知其他股东。

（2）其他股东在同等条件下有优先购买权。

此处的"同等条件"，应当考虑转让股权的数量、价格、支付方式及期限等因素。

（3）2 个以上股东行使优先购买权的，协商确定各自的购买比例；协商不成的，按照转让时各自的出资比例行使优先购买权。

（4）公司章程对股权转让另有规定的，从其规定。

3. 转让变更登记（《公司法》第86、87条）

（1）股东转让股权的，应当书面通知公司，请求变更股东名册；需要办理变更登记的，并请求公司向公司登记机关办理变更登记。

（2）公司拒绝或者在合理期限内不予答复的，转让人、受让人可以依法向人民法院提起诉讼。

（3）股权转让的，受让人自记载于股东名册时起可以向公司主张行使股东权利。

（4）公司应当相应修改公司章程和股东名册中有关股东及其出资额的记载。对公司章程的该项修改不需再由股东会表决。

（二）优先购买权

1. 无优先购买权的情形（《公司法》第84条；《公司法解释（四）》第20条）

（1）股东之间转让股权的，其他股东无优先购买权。

（2）股权对外转让时，其他股东自接到书面通知之日起30日内未答复的，视为放弃优先购买权。

（3）股权对外转让时，转让股东反悔的，其他股东无优先购买权。但公司章程另有规定或者全体股东另有约定的除外。其他股东可主张转让股东赔偿其合理损失。

2. 损害其他股东优先购买权的处理（《公司法解释（四）》第21条）

（1）损害优先购买权，是指股东向股东以外的人转让股权，未就其股权转让事项征求其他股东意见，或者以欺诈、恶意串通等手段，损害其他股东优先购买权。

（2）救济手段

对其他股东的救济	时　间	①其他股东自知道或者应当知道行使优先购买权的同等条件之日起30日内主张优先购买权；②或者自股权变更登记之日起1年内主张优先购买权。
	手　段	①其他股东可主张按照同等条件购买该转让股权；②其他股东仅提出确认股权转让合同及股权变动效力等请求，未同时主张按照同等条件购买转让股权的，法院不予支持，但其他股东非因自身原因导致无法行使优先购买权，请求损害赔偿的除外。

续表

对股权受让人的救济	合同效力	股权转让合同如无其他影响合同效力的事由，应当认定有效。
	违约责任	其他股东行使优先购买权的，虽然股东以外的股权受让人关于继续履行股权转让合同的请求不能得到法院支持，但不影响其依法请求转让股东承担相应的违约责任。

二、股权转让的特殊情形

1. 股东离婚，对股权的处理

离婚情形下，股权分割依据股权对外转让规则处理。

2. 股东死亡，对股权继承的处理（《公司法》第 90 条）

自然人股东死亡后，其合法继承人可以继承股东资格，其他股东不可主张优先购买权；但是，公司章程另有规定的除外。

3. 未届出资期限的股权转让（《公司法》第 88 条第 1 款）

（1）适用情形：股东转让已认缴出资但未届出资期限的股权。

（2）处理：由受让人承担缴纳该出资的义务；受让人未按期足额缴纳出资的，转让人对受让人未按期缴纳的出资承担补充责任。

4. 瑕疵股权转让（《公司法》第 88 条第 2 款）

（1）适用情形：未按照公司章程规定的出资日期缴纳出资或者作为出资的非货币财产的实际价额显著低于所认缴的出资额的股东转让股权。

（2）处理：转让人与受让人在出资不足的范围内承担连带责任；受让人不知道且不应当知道存在上述情形的，由转让人承担责任。

例如，股东鄢某过期未足额出资，现将其全部股权转让给表弟刘某。按生活经验，应当推定其表弟刘某知情，则二人应当在出资不足的范围内，对第三人承担连带责任。

5. 股权被强制执行（《公司法》第 85 条）

股东不能偿还所欠债务的，债权人基于生效法律文书可以请求法院强制执行该股东的股权用以清偿。

（1）法院依照强制执行程序转让股东的股权时，应当通知公司及全体股东；

（2）其他股东在同等条件下有优先购买权；

（3）其他股东自法院通知之日起满 20 日不行使优先购买权的，视为放弃优先购买权。

6. 股权质押（《民法典》第 428 条、第 443 条第 1 款）

（1）以股权出质的，质权自办理出质登记时设立；

（2）质权人在债务履行期限届满前，与出质人约定债务人不履行到期债务时质押财产归债权人所有的，该约定无效，债权人只能就质押财产优先受偿。

✎ 命题角度分析

设问 11：股东 A 将其股权转让时，其他股东是否可以行使优先购买权？

[对应场景] 案情中出现股东之间转让股权，或者股东 A 原来要转让股权但又反悔，或者在离婚协议中约定股东 A 将其所持股权作为共同财产分一半给其妻，或者自然人股东 A 死亡导致的股权转让，在上述情形下，其他股东关于优先购买权的主张能否实现。

[背诵金句]

1. "优先购买权"的存在是为了避免因股权转让而导致外人轻易进入公司，破坏了有限责任公司的"人合性"。因此，该规则仅限于"股权对外转让"。如果是股东之间转让股权（或者转让股东反悔），其他股东没有优先购买权。

2. 夫妻基于离婚协议对股权的分割，性质为**股权对外转让**，应当保护股权对外转让时其他股东的优先购买权，所以，股东 A 的妻子不能基于离婚事实直接取得 A 所持有的股权。

3. 若公司章程没有另外规定，当自然人股东死亡后，其合法继承人可以**继承股东资格**，并且其他股东没有优先购买权。

设问 12：股东 A 将股权转让给外人 C，该股权转让合同是否有效？另一股东 B 可以主张何种救济措施？

[对应场景] 股东 A 转让股权时，未征求其他股东意见，或者以欺诈、恶

意串通等手段转让股权，损害其他股东优先购买权。要注意一些特殊操作，如"一次转让，但分阶段操作"，属于侵害其他股东的优先购买权。

[分析思路] 该类案件常见分析思路为：

第一步，分析合同的效力。

第二步，从两个方面回答救济：①时间（知害 30 日内，或股权变更登记 1 年内）；②措施（强调仅支持其他股东在同等条件下行使优先购买权）。

[背诵金句]

1. 本案以欺诈（或恶意串通、未通知其他股东）的手段对外转让股权，因破坏了有限责任公司的"人合性"，故其他股东可主张在合理期限内按照同等条件优先购买该股权。

2. 民事活动应当遵循诚信原则，民事主体依法行使权利，不得恶意规避法律，侵犯第三人利益。本案股权转让分阶段操作的行为，达到了排除现有股东行使优先购买权的目的，导致《公司法》关于股东优先购买权的立法目的落空。所以该股权转让合同因为恶意串通而无效。

设问 13：股东 A 将股权转让给外人 C 时，另一股东 B 主张优先购买权的，股权受让人 C 可以主张何种救济措施？

[背诵金句]

1. 在股权对外转让时，既要注意保护其他股东的优先购买权，也要保护股东以外的股权受让人的合法权益。

2. 为保护股东以外的股权受让人的合法权益，股权转让合同如无其他影响合同效力的事由，应当认定有效。

3. 其他股东行使优先购买权的，虽然股东以外的股权受让人关于继续履行股权转让合同的请求不能得到支持，但不影响其依约请求转让股东承担相应的违约责任。

设问 14：股东 A 和外人 C 签订了股权分期付款的转让协议，能否类推适用《民法典》第 634 条第 1 款关于分期付款的规定进行处理？

[对应场景] 双方签订《股权转让资金分期付款协议》，股权受让方 B 依

约向股权转让方 A 支付第一期股权转让款后，在支付第二期股权转让款（占全部转让款的 21%）时逾期，经 A 催告仍逾期 2 个月未支付。在 A 发出解除股权转让协议的通知后，B 即向 A 转账支付了第二期股权转让款，并依约支付了后续各期股权转让款。工商登记也已经显示公司股东变更为 B。但是，A 坚持解除该股权转让协议，理由为"分期付款的买受人未支付到期价款的数额达到全部价款的 1/5，经催告后在合理期限内仍未支付到期价款的，出卖人可以请求买受人支付全部价款或解除合同"（《民法典》第 634 条第 1 款）。本案争议点为：股权分期付款是否可类推适用《民法典》第 634 条第 1 款的规定。（答：不能，因为二者转让标的不同）（改编自最高人民法院指导案例 67 号：汤长龙诉周士海股权转让纠纷案）

[背诵金句]

1. 因为**转让标的**不同，股权分期付款**不能类推适用《民法典》第 634 条"分期付款"**之规定。

2. **股权转让分期付款合同与一般以消费为目的**分期付款买卖合同有以下较大区别：①受让股权是为参与公司经营管理并获取经济利益，并非为满足生活消费；②股权一直存在于目标公司中的，股权转让人因其分期回收股权转让款而承担的风险，与一般以消费为目的分期付款买卖中出卖人收回价款的风险并不同等；③双方解除股权转让合同，也不存在向受让人要求支付标的物使用费的情况，并且双方订立《股权转让资金分期付款协议》的合同目的能够实现。所以不能简单类推适用《民法典》第 634 条第 1 款之规定。[1]

设问 15：（特殊的股权转让）股东 A 能否转让其未出资完毕的股权？或问：股东 A 能否转让其未到期股权？股东 A 是否应对公司债务承担清偿责任？或问：股东 A 隐瞒出资违约的事实，现将自己的股权转让给第三人 B，你作为 B 的律师，如何维护 B 的利益？

---

[1] 本案的生效判决还从以下几个角度分析：没有根本违约，合同能够履行；依据诚信原则，维护交易安全，以及实际上买受人已经付清全款并已参与公司经营管理，股权已经变更登记至买受人名下，是否对公司经营管理的稳定产生不利影响等多角度阐述适用《民法典》第 634 条第 1 款之规定要求解除合同的依据不足。（建议：着重掌握"转让标的物不同"这一角度，清晰简略地表述）

[对应场景] 公司章程规定股东应在 2023 年年底前缴清全部出资，但股东 A 直至 2024 年 6 月仍未足额缴纳。或者，公司章程规定缴纳出资期限为 2025 年。现于 2024 年 3 月，股东 A 将股权转让给外人 B。

[分析思路] 该类案件常见分析思路为：

第一步，区分是未按期缴纳出资，还是未届出资期限。两种情形的处理不同。

第二步，要注意是追究转让股东的责任，还是受让股东的责任。

[背诵金句]

1. （瑕疵股权转让）我国《公司法》认可**瑕疵出资股权的可转让性**，这种转让的法律后果是转让人与受让人在**出资不足**的范围内承担**连带责任**；受让人不知道且不应当知道存在瑕疵股权情形的，由**转让人承担责任**。

2. 按生活经验应当推定受让人对该瑕疵出资股权转让是知情的。所以，转让人和受让人对公司以及债权人承担连带责任，受让人承担责任后有权向转让人追偿。

3. （未到期股权转让）我国《公司法》认可**未届出资期限股权的可转让性**，这种转让的法律后果是受让人承担**缴纳该出资**的义务；到章程约定的出资期限，受让人**未按期足额缴纳**出资的，**转让人承担补充责任**。

考点 9 ▶▶▶ 股东请求公司收购纠纷

股东请求公司收购，是指出现法定情形，股东可以请求公司按照合理的价格收购其股权，以此方式退出公司。

1. 收购情形一：对特定决议投反对票（异议股东收购请求权）（《公司法》第 89 条第 1、2、4 款）

决议类型	不分红决议	公司连续 5 年不向股东分配利润的决议，而公司该 5 年连续盈利，并且符合《公司法》规定的分配利润条件。
	合分转决议	公司合并、分立、转让主要财产的决议。
	公司续期决议	公司章程规定的营业期限届满或者章程规定的其他解散事由出现，股东会通过决议修改章程使公司存续。

续表

异议股东的救济	异议股东	其指上述决议已经合法程序表决通过，是有效决议，但对上述决议投反对票的股东。
	先协商，再诉讼	自股东会决议作出之日起60日内，股东与公司不能达成股权收购协议的，股东可以自股东会决议作出之日起90日内向法院提起诉讼。
公司收购股权后的处理		公司收购的本公司股权，应当在6个月内依法转让或者注销。

2. 收购情形二：控股股东侵权导致损失（《公司法》第89条第3、4款）

（1）公司的控股股东滥用股东权利，严重损害公司或者其他股东利益的，其他股东有权请求公司按照合理的价格收购其股权；

（2）公司收购的本公司股权，应当在6个月内依法转让或者注销。

📝 命题角度分析

设问16: 公司章程约定"人走股留"条款是否有效?

[对应场景] 大华国企改制为大华有限责任公司时，公司章程规定："公司股权不向公司以外的任何团体和个人出售、转让。……持股人辞职、调离或被辞退、解除劳动合同的，人走股留，所持股份由企业收购。"职工A辞职，大华公司依据该章程条款要求回购A的股权，但A拒绝，遂发生纠纷。（本案章程条款有效，公司有权回购）（改编自最高人民法院指导案例96号：宋文军诉西安市大华餐饮有限公司股东资格确认纠纷案）

[背诵金句]

1. 由公司章程对公司股东转让股权作出某些限制性规定，符合有限责任公司封闭性和人合性的特点，亦系公司自治原则的体现，不违反公司法的禁止性规定。

2. 本案"人走股留"条款属于对股东转让股权的"限制性"规定而非"禁止性"规定，员工转让股权的权利没有被公司章程所禁止，公司章程不存在侵害股权转让权利的情形。

设问 17：（公司陷入经营僵局或股东之间矛盾重重）股东 A 要求公司（或其他股东）收购自己的股权。该主张能否得到法院的支持？

[对应场景] 股东之间出现重大分歧，股东 A 要求公司或者股东 B 购买自己的股权，但遭到拒绝。股东 A 起诉公司或者股东 B，要求公司或者股东 B 回购自己的股权。（不支持收购）

[分析思路] 股东之间存在重大分歧且"股东协商一致"的，可以协商由公司收购股权，但这不是公司的"收购义务"，所以股东 A 不得"要求"公司收购。

[背诵金句]

1. 异议股东回购请求权仅限于《公司法》所列明的三种情形（即《公司法》第 89 条第 1 款规定的公司连续 5 年不分红决议，公司合并、分立或转让主要财产决议，公司存续上的续期决议）下对股东会决议有异议的股东，该案情形显然不符合该规定。

2. 出现股东重大分歧，针对其他股东或公司的强制性股权购买请求权，现行《公司法》并无明文规定，即在现行《公司法》中，股东彼此之间并不负有在特定情况下收购对方股权的强制性义务。

考点 10　公司其他与民法相关的纠纷

一、设立中公司的民事行为（《公司法》第 44 条；《公司法解释（三）》第 2、3 条；《民法典》第 75 条）

1. 设立中公司的性质为"发起人合伙"。发起人之间应当签订发起人协议。

2. 公司设立阶段签订的合同效力，依据民法规定来判断。

3. 设立时的股东为设立公司从事的民事活动：

（1）其法律后果由公司承受；

（2）设立时的股东为设立公司以自己的名义从事民事活动产生的民事责任，第三人有权选择请求公司或者公司设立时的股东承担。

4. 发起人（即设立时的股东）以设立中公司名义对外签订合同的，公司成立后由公司承担合同责任。公司成立后有证据证明发起人利用设立中公司的名义为自己的利益与相对人签订合同，公司可以此为由主张不承担合同责任，但相对人为善意的除外。

二、运用"善意取得"制度解决的纠纷

1. 出资人以不享有处分权的财产出资，受让公司能否取得股权依照"善意取得"的规定处理。（《公司法解释（三）》第 7 条第 1 款）

2. 在股权代持关系中，名义股东未经许可将登记于其名下的股权处分，和实际出资人发生纠纷的，可以参照"善意取得"的规定处理。（《公司法解释（三）》第 25 条第 1 款）

3. 股权转让后尚未向公司登记机关办理变更登记，原股东将仍登记于其名下的股权转让、质押或者以其他方式处分的，若第三人符合善意取得条件，则第三人可取得该股权。（《公司法解释（三）》第 27 条第 1 款）

📝 命题角度分析

设问 18：公司设立阶段所签订的合同是否有效？如何承担合同责任？为什么？

[对应场景] 公司设立阶段，发起人甲以自己名义签订合同，但该合同是为筹备公司而订立；或者以筹备组名义签订合同，但该合同是为了甲的个人利益。

[背诵金句]

1. 《公司法》第 44 条（或《民法典》第 75 条）允许法人在设立阶段从事民事活动，且本案合同未出现无效等情形，故该合同有效。

2. 设立人虽然以自己名义签订合同，但该合同是为设立公司所需，所以当公司成立后，相对人有选择权，既可选择请求该设立人承担合同责任，也可选择该公司承担合同责任。

3. 设立人以"设立中公司"名义签订合同，且该合同是为公司利益，所以当公司成立后，应当由公司承担合同责任。

4. 虽然设立人是以筹备组名义（或以"设立中公司"名义）签订合同，但

该合同是为**设立人自身利益**，由于公司并未享受合同权利，因此公司也不应承担合同责任，而应由设立人对该合同承担合同责任。

5. 设立人因履行公司设立职责造成他人损害，公司成立后由**公司承担侵权赔偿责任**。

> **设问 19**：设立协议在公司成立后即被章程取代的主张，能否得到支持？

[**对应场景**] 公司筹备时，设立人协商了 A 事项并记载于设立协议，但公司章程却未记载 A 事项。公司成立后恰恰发生 A 事项，就如何处理发生纠纷。

[**分析思路**] 该问题无对应法条，可以从"公司章程"和"设立协议"的概念、特征分析二者的差异。该类设问，可脱离案情独立考查，所以本质是"简答式分析题"。

[**背诵金句**] 设立协议，是指明确各设立人在公司设立过程中的权利和义务的协议。公司章程，是指公司设立时所必备的，约束公司、股东、董事、监事、高级管理人员的基本法律文件。二者调整对象、制定目的均不同，不能相互取代。

专题 2 公司法和民事诉讼法结合

考点 11 ▶▶▶ 人格否认诉讼-当事人的诉讼地位

人民法院在审理公司人格否认纠纷案件时，应当根据不同情形确定当事人的诉讼地位：(《九民纪要》第 13 条)

1. 债权人对债务人公司享有的债权已经由生效裁判确认，其另行提起公司人格否认诉讼，请求股东对公司债务承担连带责任的，列股东为被告，公司为第三人。

2. 债权人对债务人公司享有的债权提起诉讼的同时，一并提起公司人格否认诉讼，请求股东对公司债务承担连带责任的，列公司和股东为共同被告。

3. 债权人对债务人公司享有的债权尚未经生效裁判确认，直接提起公司人格否认诉讼，请求公司股东对公司债务承担连带责任的，法院应当向债权人释明，告知其追加公司为共同被告。债权人拒绝追加的，法院应当裁定驳回起诉。

[分析思路] 考虑"债权人-公司"之间的诉讼是否已经由生效裁判确认。

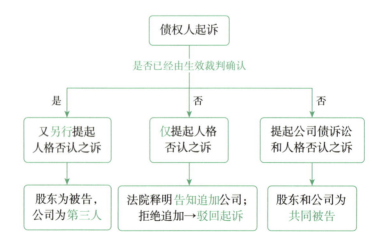

✎ **命题角度分析**

设问 20：债权人提起公司人格否认诉讼，法院如何确定当事人的诉讼地位？或问：构成人格否认时，债权人应当如何救济？

[**分析思路**] 结合案情，判断属于何种诉讼类型。

1. 债权人先告公司已得胜诉判决，后告股东承担清偿责任：原告-债权人；被告-股东；第三人-公司。

2. 债权人同时告公司和股东：原告-债权人；被告-股东和公司。

3. 债权人未告公司，直接告股东：原告-债权人；被告-股东和公司。

[**背诵金句**]

1. 本案债权**已经**由生效裁判确认，故当债权人**另行提起**公司人格否认诉讼，请求股东对公司债务承担连带责任时，应当列股东为被告，**公司为第三人**。

2. 本案债权**未经**生效裁判确认，故当债权人**另行提起**公司人格否认诉讼，请求股东对公司债务承担连带责任时，应当列**股东和公司**为共同被告。

考点 12 >>> 股东代表诉讼

一、股东代表诉讼的诉讼原因（股东能否提起该类型诉讼）（《公司法》第 188 条；《公司法解释（五）》第 1、2 条）

1. 董事、监事、高级管理人员执行职务违反法律、行政法规或者公司章程的规定，给公司造成损失的，应当承担赔偿责任。公司没有提起诉讼的，符合条件的股东[1]可以提起股东代表诉讼。

2. 关联交易损害公司利益，公司可请求控股股东、实际控制人、董事、监事、高级管理人员赔偿所造成的损失。公司没有提起诉讼的，符合条件的股东可以提起股东代表诉讼。

3. 关联交易合同存在无效、可撤销或者对公司不发生效力的情形，公司没有起诉合同相对方的，符合条件的股东可以提起股东代表诉讼，起诉合同相对方。

---

〔1〕 符合条件的股东，是指有限责任公司的股东、股份有限公司连续 180 日以上单独或者合计持有公司 1% 以上股份的股东。但在主观题考试中，大概率仅考查"有限责任公司"，即是有限责任公司的股东即可。

4. 既包括"公司",也包括"公司全资子公司"。(见下文)

二、股东代表诉讼的前置程序-交叉请求规则 (《公司法》第189条;《公司法解释(四)》第23条;《九民纪要》第25条)

1. 董事、高级管理人员损害公司利益的,符合条件的股东可以书面请求监事会向法院提起诉讼。

2. 监事或其他人损害公司利益的,符合条件的股东可以书面请求董事会向法院提起诉讼。

3. 股东没有履行该前置程序的,应当驳回起诉。

但如果查明的相关事实表明,在股东向公司有关机关提出书面申请之时,根本不存在公司有关机关提起诉讼的可能性的,法院不应当以原告未履行前置程序为由驳回起诉。

4. 公司全资子公司的董事、监事、高级管理人员有上述损害公司利益的情形,或者他人侵犯公司全资子公司合法权益造成损失的,符合条件的股东可以依据前述"交叉请求规则",书面请求全资子公司的监事会、董事会向法院提起诉讼或者以自己的名义直接向法院提起诉讼。

5. 交叉请求的后果

(1) 接受请求:公司直接诉讼。

公司相应机关(董事会、监事会等)接受股东请求,则公司对董事、高级管理人员或监事提起诉讼。

此时,原告为公司,被告为侵权人(即损害公司利益的董事、监事、高级管理人员、控股股东或关联合同相对方)。

(2) 拒绝请求:股东代表诉讼。

三、股东代表诉讼的诉讼规则 (《公司法》第189条第2款;《公司法解释(四)》第23~26条;《九民纪要》第26条)

1. 前提:公司没有接受上述股东的书面请求。

(1) 公司相应机关(董事会、监事会等)收到股东书面请求后拒绝提起诉讼;

(2) 公司相应机关自收到请求之日起30日内未提起诉讼;

（3）情况紧急、不立即提起诉讼将会使公司利益受到难以弥补的损害。

2. 诉讼当事人

（1）原告为股东，股东有权为公司利益以自己的名义直接向法院提起诉讼。

股东代表诉讼中，要求原告在起诉时具有股东资格。被告以行为发生时原告尚未成为公司股东为由抗辩该股东不是适格原告的，法院不予支持。

（2）被告为侵权人。

（3）公司为第三人。

3. 诉讼利益的归属

（1）胜诉利益归属于公司。股东请求被告直接向其承担民事责任的，法院不予支持。

（2）股东代表诉讼中，原告股东和被告达成和解的，需要公司股东会或者董事会决议通过。

（3）原告股东的诉讼请求部分或者全部得到法院支持的，公司应当承担股东因参加诉讼支付的合理费用。[1]

4. 反诉

（1）符合"反诉"要件：股东代表诉讼中，被告可以原告股东恶意起诉侵犯其合法权益为由提起反诉；

（2）不符合"反诉"要件：股东代表诉讼中，被告以公司在案涉纠纷中应当承担侵权或者违约等责任为由对公司提出反诉的，不符合反诉的要件。

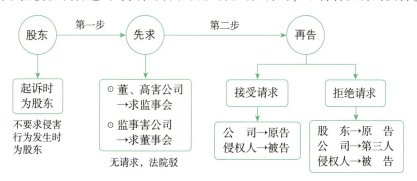

股东代表诉讼分析步骤（股东视角）

---

〔1〕 在前述"交叉请求规则"中，我们知道，股东需要先向公司相应机关提出"请求"，在被拒绝等情形下，股东才能提起代表诉讼。这说明公司并不希望提起该诉讼。所以，如果股东败诉，股东支出的调查费、评估费、公证费等费用均由股东自行承担。

✍️ **命题角度分析**

设问 21：针对本案情形，股东 A 可以采取何种救济措施？ 或问：**股东 A 如何提起诉讼？** 或问：**股东 A 的诉讼请求能否得到支持？**

[对应场景]

1. 案情中有董、监、高损害公司利益，但公司不予追究。

2. 案情中有关联交易损害公司利益，关联交易合同存在无效或者可撤销情形，但公司不予追究。

[背诵金句]

1. （**股东 A 可以采取何种**救济措施）公司利益受到董事、高级管理人员等人损害但公司无法主张权利（或者因关联交易损害公司利益但公司无法主张权利）时，**适格股东有权依照法定程序提起股东代表诉讼**。

2. （**股东 A 如何提起诉讼**）股东提起代表诉讼，其原因在于公司的合法权益受到不法侵害而公司却怠于起诉，故该种诉讼是对**公司不提起诉讼时股东采取的补救措施**。基于公司是实质上的利益受损害方，所以在该种诉讼中，股东必须**先书面请求公司有关机关**向法院提起诉讼。一般情况下，没有履行该前置程序的，应当驳回起诉。

3. （**股东 A 的诉讼请求**能否得到支持）本案为股东代表诉讼，该类诉讼的目的是恢复公司受到损害的利益，因此胜诉利益归属于公司。故股东请求被告**直接向其承担**民事责任的诉讼请求不能得到法院支持。

考点 13 ▶▶ **股东查阅、复制权诉讼**（《公司法》第 57 条；《公司法解释（四）》第 7~9、11、12 条）

1. 股东可以要求查阅公司会计账簿、会计凭证。（包括查阅、复制公司全资子公司相关材料）

（1）股东应当向公司提出书面请求，说明目的。

（2）公司有合理根据认为股东查阅会计账簿、会计凭证有不正当目的，可能损害公司合法利益的，可以拒绝提供查阅，并应当自股东提出书面请求之日起 15 日内书面答复股东并说明理由。

"不正当目的"，是指：

❶股东自营或者为他人经营与公司主营业务有实质性竞争关系业务的，但公司章程另有规定或者全体股东另有约定的除外；

❷股东为了向他人通报有关信息查阅公司会计账簿，可能损害公司合法利益的；

❸股东在向公司提出查阅请求之日前的 3 年内，曾通过查阅公司会计账簿，向他人通报有关信息损害公司合法利益的；

❹股东有不正当目的的其他情形。

（3）公司拒绝提供查阅的，股东可以向法院提起诉讼。

2. 公司章程、股东之间的协议等，不可实质性剥夺股东依据《公司法》规定查阅或者复制公司文件材料的权利。

3. 诉讼主体

（1）原告在起诉时需具有公司股东资格，否则法院应当驳回起诉。被告为"公司"。

（2）但是，原告有初步证据证明在持股期间其合法权益受到损害，请求依法查阅或者复制其持股期间的公司特定文件材料的除外。

4. 赔偿责任

（1）股东行使知情权后泄露公司商业秘密导致公司合法利益受到损害的，公司可请求该股东赔偿相关损失；

（2）依法辅助股东查阅公司文件材料的会计师、律师等泄露公司商业秘密导致公司合法利益受到损害的，公司可请求其赔偿相关损失；

（3）公司董事、高级管理人员等未依法履行职责，导致公司未依法制作或者保存公司文件材料，给股东造成损失的，股东可依法请求负有相应责任的公司董事、高级管理人员承担民事赔偿责任。

[分析思路] 准确理解"股东自营或者为他人经营与公司主营业务有实质性竞争关系的业务"。

例如，萱草公司股东 A 同时是甲公司的法定代表人，甲公司与萱草公司经营范围相同，但甲公司在 2020~2022 年度中作为计税依据的各项销售额均为零，并且年度缴纳各项保险金的职工数量为零。该案不能认定为"股东 A 从事和萱草公司有实质性竞争关系的业务"，因为甲公司实际处于停业状态。

📝 命题角度分析

设问 22：股东 A 欲查阅公司账簿，需要满足哪些条件？

[对应场景] 此为简答类题型，和具体案情没有直接关联。（2002、2015年均有此类题型出现）

[背诵金句] 股东要求查阅公司会计账簿的，应当向公司提出书面请求，说明目的。

设问 23：分析萱草公司拒绝股东 A 查阅财务会计账簿的理由是否成立？为什么？

[对应场景] 股东和公司矛盾加剧，如公司多年不分配利润，股东要求查阅公司的财务会计账簿，此时公司以各种理由拒绝。常见理由包括：①查阅主体不合格，如股东已经将股权转让，不具有股东资格；②查阅理由不合法，如公司认为股东"查阅有不正当目的"。

[背诵金句]

1. 本案股东 A _____（具体行为，如自己同时经营同类公司），因业务和公司主营业务**具有实质性竞争关系**，公司有权以查账具有"不正当目的"为由拒绝提供查阅。

2. 本案股东 A 查账是为了**向他人通报**有关信息，**损害公司合法利益**。因其查账具有"不正当目的"，公司有权拒绝提供查阅。

3. 虽然起诉时 A 已经不是公司股东，但其请求查阅或者复制**其持股期间**的公司特定文件材料的，因为具有诉讼利益，可以得到法院支持。

4. 股东查阅或者复制公司特定文件材料，是股东行使其他权利的基础，对该项权利，公司**不得**以章程、股东之间的协议加以**实质性剥夺**。

考点 14 ▶▶ 利润分配请求权的诉讼规则（分红权诉讼）

一、股东分配利润的具体规则（《公司法》第 210 条第 4 款、第 212 条）

1. 公司弥补亏损和提取公积金后所余税后利润，有限责任公司按照股东实缴的出资比例分配利润，全体股东约定不按照出资比例分配利润的除外。

2. 股东会作出分配利润的决议的，董事会应当在股东会决议作出之日起6个月内进行分配。

二、利润分配请求权的诉讼规则（《公司法解释（四）》第13~15条）

1. 原则：法院不得强制判决分红。

股东提起请求分配公司利润的诉讼时，需要提交有效的分红决议，法院不得强制判决分红。

（1）股东提交载明具体分配方案的股东会的有效决议，请求公司分配利润，公司拒绝分配利润且其关于无法执行决议的抗辩理由不成立的，法院应当判决公司按照决议载明的具体分配方案向股东分配利润；

（2）股东未提交载明具体分配方案的股东会决议，请求公司分配利润的，法院应当驳回其诉讼请求。

2. 例外：违反法律规定滥用股东权利导致公司不分配利润，给其他股东造成损失的，法院可以判决公司分红。

3. 诉讼当事人

（1）股东请求公司分配利润案件，应当列公司为被告；

（2）一审法庭辩论终结前，其他股东基于同一分配方案请求分配利润并申请参加诉讼的，应当列为共同原告。

✎ 命题角度分析

设问24：股东A要求法院判决公司分配利润，其诉讼请求能否得到法院支持？或问：对公司分红方案有异议的股东可以采取何种救济手段？

[分析思路] 该类案件常见分析思路为：

第一步，考虑公司是否作出有效的分红决议。所以该问题常和"股东会决议是否有效"结合考查。

第二步，明确法院无法直接决定某一公司是否分配利润以及如何分配利润，也即司法审查不能直接干预公司的经营活动。

[背诵金句]

1. （分配比例）股东按照**实缴**的出资比例分取红利；但是，**全体股东**可约定不按照出资比例分取红利。

2. （法院不得强制分红）公司盈余分配是公司自主决策事项，是公司或股东基于自身的知识与经验作出的商业判断，因此，**法院在介入属于公司意思自治范畴的**盈余分配**事宜时应当谨慎**，不得强制判决公司分配利润。

3. 在审理公司盈余分配权纠纷时，法院一般是在公司股东会已形成有效的盈余分配决议，而公司拒不执行该决议，致使股东依据该决议所享有的盈余分配给付请求权遭到侵害时，才进行干预，以保护股东利益。

4. 本案因股东 A **未提交**载明具体分配方案的股东会决议（或因决议效力瑕疵），法院应当**驳回**其请求公司分配利润的**诉讼请求**。

考点 15 ▶▶▶ 股东解散公司诉讼

一、司法判决解散公司（股东请求法院解散）

（一）判决解散公司的事由：公司僵局（《公司法》第 231 条；《公司法解释（二）》第 1 条）

1. 公司僵局，可概括为：公司经营管理发生严重困难，继续存续会使股东利益受到重大损失，通过其他途径不能解决。

具体而言，出现下列情况的，股东可以申请法院解散公司：

（1）公司持续 2 年以上无法召开股东会或者股东大会，公司经营管理发生严重困难的；

（2）股东表决时无法达到法定或者公司章程规定的比例，持续 2 年以上不能作出有效的股东会或者股东大会决议，公司经营管理发生严重困难的；

（3）公司董事长期冲突，且无法通过股东会或者股东大会解决，公司经营管理发生严重困难的；

（4）经营管理发生其他严重困难，公司继续存续会使股东利益受到重大损失的情形。

2. 其他事由不可判决解散公司。（均不符合"僵局"状态）

（1）股东以知情权、利润分配请求权等权益受到损害为由，提起解散公司诉讼的，法院不予受理；

（2）股东以公司亏损、财产不足以偿还全部债务为由，提起解散公司诉讼的，法院不予受理；

（3）股东以公司被吊销企业法人营业执照未进行清算等为由，提起解散公司诉讼的，法院不予受理。

（二）司法判决解散公司的诉讼规则（《公司法》第 231 条；《公司法解释（二）》第 2~4 条）

1. 原告：单独或者合计持有公司全部股东表决权 10% 以上的股东。

2. 被告

（1）解散公司，应当以公司为被告。

（2）原告以其他股东为被告一并提起诉讼的，法院应当告知原告将其他股东变更为第三人。原告坚持不予变更的，法院应当驳回原告对其他股东的起诉。

3. 诉讼理由

（1）股东提起解散公司诉讼，同时又申请法院对公司进行清算的，法院对其提出的清算申请不予受理；

（2）法院可以告知原告，在判决解散公司后自行组织清算或者另行申请法院对公司进行清算。

4. 诉讼中的保全

股东提起解散公司诉讼时，向法院申请财产保全或者证据保全的，在股东提供担保且不影响公司正常经营的情形下，法院可予以保全。

二、股东重大分歧解决机制（《公司法解释（二）》第 5 条；《公司法解释（五）》第 5 条）

涉及有限责任公司股东重大分歧案件，法院审理时需要注意：

1. 应当注重调解。

2. 当事人协商一致以下列方式解决分歧，且不违反法律、行政法规的强制性规定的，法院应予支持：

（1）公司回购部分股东股份。经法院调解公司收购原告股份的，公司应当自调解书生效之日起 6 个月内将股份转让或者注销。股份转让或者注销之前，原告不得以公司收购其股份为由对抗公司债权人。

（2）公司减资、公司分立。

（3）其他股东或者他人受让部分股东股份。

（4）其他能够解决分歧，恢复公司正常经营，避免公司解散的方式。

3. 当事人不能协商一致使公司存续的，法院应当及时判决。

✐ 命题角度分析

设问 25：股东 A 请求解散公司的诉讼请求能否得到法院的支持？ 或问：法院作出解散公司的判决是否合理？为什么？

[对应场景] 案情中公司出现"2 年不开花，2 年不结果，吵成一锅粥"。

例如，从 2006 年 6 月 1 日至 2009 年，萱草公司持续 3 年未召开过股东会。在纠纷处理中，服装城管委会调解委员会两次组织双方进行调解，但均未成功。至股东 A 提起诉讼时，萱草公司及其下属分公司运营状态良好。（因为已经构成公司僵局，股东可以请求解散公司）（改编自最高人民法院指导案例 8 号）

[背诵金句]

1. 公司经营管理发生严重困难，继续存续会使股东利益受到重大损失，通过其他途径不能解决的，符合条件的股东可以请求法院解散公司。

2. （公司僵局的认定）判断公司经营管理是否发生严重困难，应从公司组织机构的运行状态进行综合分析。公司虽处于盈利状态，但其股东会机制长期失灵，内部管理有严重障碍，已陷入僵局状态的，可以认定为"公司经营管理发生严重困难"。对于符合《公司法》及相关司法解释规定的其他条件的情形，法院可以依法判决公司解散。

设问 26：萱草公司股东协商同意由公司收购争议股东张某的股权的，是否合法？

[背诵金句] 合法。基于公司永久存续性特征，在有限责任公司股东产生重

大分歧，使公司无法正常运营，出现公司僵局时，只要尚有其他途径解决矛盾，应当尽可能采取其他方式解决，从而维持公司运营，避免解散。通过协商，使得争议股东"套现离场"，公司得以继续存续。

考点16 ▶▶▶ **公司股东诉讼**（总结）

诉讼类型	纠纷事由	原　告	被告（第三人）	易错点
决议效力诉讼	某一股东认为公司决议无效、不成立，或要求撤销该决议。	1. 无效决议、不成立决议：股东、董事、监事。 2. 可撤销决议：在起诉时具有股东资格。	被告：公司。	1. 决议有效，不可诉。 2. 撤销决议：股东自决议作出之日起60日内，可以请求法院撤销。 3. 未被通知参加股东会会议的股东： （1）自知道或者应当知道股东会决议作出之日起60日内，可以请求法院撤销； （2）自决议作出之日起1年内没有行使撤销权的，撤销权消灭。
知情权诉讼	股东书面请求查阅公司会计账簿、会计凭证，但被公司拒绝。	1. 原告：股东。 2.（不是股东）有初步证据证明在持股期间其合法权益受到损害的，可以成为原告。	被告：公司。	公司仅可以"有不正当目的"为由拒绝股东查账。
分红权诉讼	股东和公司发生分红纠纷，包括公司决议不分红、公司不履行生效的分红决议。	原告：股东。	被告：公司。	1. 股东需要提交有效的分红决议，法院不得强制判决分红。 2. 公司有权作出不分红的决议。

续表

诉讼类型	纠纷事由	原 告	被告（第三人）	易错点
股东代表诉讼	内部人（董监高、关联交易）损害公司利益，但公司怠于起诉。	1. 监事会/董事会接受请求→公司为原告。 2. 监事会/董事会拒绝请求→股东为原告。	1. 被告：侵权人。 2. 第三人：公司。（当公司拒绝股东请求时）	股东代表诉讼的前置程序：交叉请求。
解散公司诉讼	公司出现僵局情形。	原告：单独或合计持有公司全部股东表决权 10% 以上的股东。	被告：公司。	原告以其他股东为被告一并提起诉讼的，法院应当告知原告将其他股东变更为第三人；原告坚持不予变更的，法院应当驳回原告对其他股东的起诉。
收购股权诉讼	某一股东反对公司通过的特定决议，并要求公司退股。	原告：投反对票的股东。	被告：公司。	1. 特定决议的范围：55 合分转，该"死"不"死"改章程。 2. 特定决议均是有效决议。

专题 3 公司法高频考点

考点 17 ▶▶▶ 股东出资方式合法性的判断

1. 股东可以用货币出资，也可以用实物、知识产权、土地使用权、股权、债权等可以用货币估价并可以依法转让的非货币财产作价出资；但是，法律、行政法规规定不得作为出资的财产除外。（《公司法》第 48 条第 1 款）

2. 股东不得以劳务、信用、自然人姓名、商誉、特许经营权或者设定担保的财产等作价出资。（瑕疵可补正。例如，担保物在合理期间解除担保后，可以出资。）

3. 货币出资没有金额限制。以贪污、受贿、侵占、挪用等违法犯罪所得的货币出资后取得股权的，对违法犯罪行为予以追究、处罚时，应当采取拍卖或者变卖的方式处置其股权。（《公司法解释（三）》第 7 条第 2 款）

4. 实物、知识产权出资（《民法典》第 311 条-善意取得；《公司法解释（三）》第 7 条第 1 款、第 10 条-交付和过户分离）

（1）应当依法办理财产权的转移手续；

（2）出资人以不享有处分权的财产出资，当事人之间对于出资行为效力产生争议的，参照《民法典》"善意取得"的规定认定；

（3）以不动产或知识产权出资，交付但未过户的，当事人可在指定的合理期间内办理权属变更手续，自其实际交付时享有相应股东权利；

（4）以不动产或知识产权出资，过户但未交付的，公司或者其他股东主张其向公司交付，自其实际交付时享有相应股东权利。

5. 土地使用权出资（《公司法解释（三）》第 8 条）

（1）用于出资的土地使用权应是未设定权利负担的土地使用权。

（2）出资人不得以划拨土地使用权出资。

（3）处理：法院应当责令当事人在指定的合理期间内办理土地变更手续或者解除权利负担；逾期未办理或者未解除的，法院应当认定出资人未依法全面履行出资义务。

6. 股权出资（《公司法解释（三）》第 11 条）

（1）股权出资要符合出资的股权无权利瑕疵或者权利负担，且出资人已履行关于股权转让的法定手续等条件。

（2）股权出资出现"权利瑕疵、权利负担、未履行股权转让手续"等情形，法院应当责令该出资人在指定的合理期间内采取补正措施，以符合上述条件。逾期未补正的，法院应当认定其未依法全面履行出资义务。

7. 债权出资

股东将其持有的债权出资，相当于将债权转让给受让人（公司），符合《民法典》第 545~548 条"债权转让"规则的，属于合法的出资形式。

📝 命题角度分析

设问 27：以非货币形式向公司出资，应办理什么手续？

[分析思路] 为简答类题型，和具体案情没有直接关联，直接根据法条的章节目录找到对应法条即可。（2002、2015 年均有此类题型出现）

[背诵金句] 股东以非货币财产出资的，应当评估作价，核实财产，不得高估或者低估作价，并且应当办理财产权的转移手续。

设问 28：股东 A 以受贿所得的货币出资，能否取得股权？ 或问：对以受贿所得的货币出资形成的股权，应当如何处置？

[对应场景] 股东 A 以受贿所得的现金 10 万元出资，公司成立后，A 的犯罪行为被查处。

[背诵金句]

1. 股东取得股权以出资为条件，其出资的资金来源不影响股权的取得。

2. 对股东 A 的违法犯罪行为予以追究、处罚时，应当采取拍卖或者变卖的方式处置其股权。

设问 29：如何评价股东的出资行为和法律效果？

[**对应场景**] 案情中出现各种奇葩的出资形式，如净资产、债权、微信订阅号、商誉等，法条没有明确规定的出资形式，需要判断出资的效力。

[**背诵金句**]

1. ××（具体的出资形式）尽管没有在我国《公司法》中被规定为出资形式，但公司实践中运用较多，并且《公司法》允许股东以"**可以用货币估价**并可以**依法转让**"的非货币财产作价出资。

2. ××（具体的出资形式）虽然可以用货币估价，但**无法办理其财产权的转移手续**，不符合我国《公司法》关于非货币财产的要求。

设问 30：原所有权人能否请求公司返还股东 A 用以出资的标的物？

[**对应场景**] 股东 A 用租赁、借用、保管、仓储的标的物出资，后因原权利人要求返还该标的物而发生纠纷。

[**分析思路**] 该类案件常见分析思路为：

第一步，判断出资人 A 是不是该物的所有权人。

第二步，判断 A 作为出资人设立的萱草公司是否符合"善意取得"的条件。关键点是"A 和萱草公司"的关系，也就是 A 除了出资人身份之外，是否还有董事长、法定代表人、主要设立人等其他可影响公司经营决策的身份。

[**背诵金句**]

1. 出资人以**不享有处分权**的财产出资，符合**善意取得**条件的受让人可取得所有权。

2. 因 A（出资人）是萱草公司的董事长（或设立公司的负责人、控股股东），**其主观恶意视为所代表公司的恶意**，因此萱草公司不符合**善意取得**条件，不能取得该物所有权。

设问 31：股东 A 以受贿所得的一套房屋出资，萱草公司能否取得该房屋的所有权？或问：该案应当如何处理？

[**对应场景**] 股东 A 以受贿所得的一套房屋出资，公司成立后，A 的犯罪行为被查处。

[分析思路] 对于受贿所得的房屋出资的部分，目前尚存争论。（下列两种观点择一掌握）

观点1：受贿所得的房屋属于"赃物"，<u>不能适用</u>《民法典》第311条规定的"<u>善意取得</u>"规则，应该直接由国家追缴。

观点2：受贿所得的房屋虽然属于赃物，但赃物可以善意取得，以此维护善意第三人的利益。所以，如果拟设立的萱草公司满足善意、支付合理价格的条件，并办理了财产的转移手续，则萱草公司可取得该房屋的所有权。

设问32：房屋（或知识产权）权属登记与交付相分离时，如何确定享有股东权的时间？

[对应场景] 某章程约定股东A用于出资的房屋1月1日交付给萱草公司，但迟至8月1日，A才办理房屋过户手续。

[背诵金句] 当出现不动产（或知识产权）交付与权属登记分离情形时，若该股东在指定的合理期间内办理权属变更手续，其自**实际交付**财产时享有相应的股东权利。

设问33：股东A以自己持有的甲公司的股权出资设立萱草公司，该出资是否符合法律规定？

[分析思路] 案情中出现以股权出资的情形，一般要关注下列三个因素：

1. 用以出资的股权是否<u>已经设定了质押</u>。如果该股权已经被质押，则属于有负担的股权，出资人未足额履行出资义务。

2. 用以出资的股权是否有<u>权利瑕疵</u>。例如，A是甲公司股东，按甲公司章程规定，应在2017年5月缴足全部出资。2015年12月，A以其所持甲公司股权的60%作为出资，与他人共同设立萱草公司。此种情形不能认定为股权有瑕疵，出资有效。

3. 用以出资的股权是否履行了<u>股权转让</u>的法定手续。例如，股东B以其持有乙公司的股权作为出资设立萱草公司时，乙公司的另一股东C已主张行使优先购买权。此种情形认定为股权有瑕疵，出资人要承担责任。

[背诵金句]

1. 股权出资是我国《公司法》规定的出资形式，可出资的股权应当无权利瑕疵或权利负担并且已履行关于股权转让的法定手续。

2. 逾期未补正的，应当认定其<u>未全面履行出资义务</u>。

考点 18 >>> 股东违反出资义务的常见情形和处理

一、股东违反出资义务的认定

（一）未按期足额缴纳出资（《公司法》第 49 条第 2 款；《公司法解释（三）》第 15 条）

下列情形，均构成违反出资义务：

1. 股东以货币出资的，未将<u>货币出资足额存入有限责任公司在银行开设的账户</u>。

2. 以非货币财产出资的，未依法办理其<u>财产权的转移手续</u>。

3. 作为出资的非货币财产的实际价额<u>显著低于所认缴的出资额</u>。

但是，出资人出资后因市场变化或者其他客观因素导致出资财产贬值的，<u>不构成出资瑕疵，该出资人无需承担补足出资责任</u>；当事人另有约定的除外。

（二）抽逃出资（《公司法解释（三）》第 12 条）

1. 公司成立后，股东的行为符合下列情形之一且损害公司权益的，可以认定该股东抽逃出资：[1]

（1）制作虚假财务会计报表虚增利润进行分配；

（2）通过虚构债权债务关系将其出资转出；

（3）利用关联交易将出资转出；

（4）其他未经法定程序将出资抽回的行为。

2. 抽逃出资和正当的关联关系的区别：是否具备"<u>真实合法的商业目的</u>"。

---

[1] 严格来说，抽逃出资不属于"出资"环节，因其在公司成立后抽逃，属于损害公司法人财产权。但因处理规则类似，所以本书一起介绍。

二、股东违反出资义务的处理

（一）股东对公司的责任（《公司法》第 50 条、第 51 条-董事会的催缴义务、第 53 条-抽逃出资、第 54 条-出资加速到期）

公司设立时出资瑕疵	适用情形	有限责任公司设立时，股东未按照公司章程规定实际缴纳出资，或者实际出资的非货币财产的实际价额显著低于所认缴的出资额。
	处理	设立时的其他股东与该股东在出资不足的范围内承担连带责任。
未按期足额缴纳出资	适用情形	股东未按期足额缴纳公司章程规定的各自所认缴的出资额。（例如，公司成立后，股东未按期履行后续的出资义务）
	处理	1. 该股东除应当向公司足额缴纳外，还应当对给公司造成的损失承担赔偿责任。 2. 董事会的催缴义务：有限责任公司成立后，董事会应当对股东的出资情况进行核查，发现股东未按期足额缴纳公司章程规定的出资的，应当由公司向该股东发出书面催缴书，催缴出资。（见下文"股东失权"） 3. 未及时履行前述义务，给公司造成损失的，负有责任的董事应当承担赔偿责任。
抽逃出资	适用情形	公司成立后，股东抽逃出资。
	处理	1. 股东应当返还抽逃的出资。 2. 给公司造成损失的，负有责任的董事、监事、高级管理人员应当与该股东承担连带赔偿责任。
未届出资期限	适用情形	公司不能清偿到期债务，但股东认缴出资尚未到期。
	处理	公司不能清偿到期债务的，公司或者已到期债权的债权人有权要求已认缴出资但未届出资期限的股东提前缴纳出资。（出资加速到期）

（二）股东对公司债权人的责任（《公司法》第 257 条第 2 款-服务机构的责任；《公司法解释（三）》第 13、14 条）

1. 承担资产评估、验资或者验证的机构因其出具的评估结果、验资或者验证证明不实，给公司债权人造成损失的，除能够证明自己没有过错的外，在其评估或者证明不实的金额范围内承担赔偿责任。

2. 其他内容，见前文"考点 2　股东出资对公司债务清偿的影响"。

（三）出资不适用诉讼时效抗辩（《公司法解释（三）》第 19 条；《九民纪要》第 16 条第 1 款）

1. 公司股东未履行或者未全面履行出资义务或者抽逃出资，公司或者其他股东请求其向公司全面履行出资义务或者返还出资的，被告股东不得以诉讼时效为由进行抗辩。

2. 公司债权人的债权未过诉讼时效期间（即债权合法有效），当公司不能清偿到期债务时，债权人请求未履行出资义务（或未全面履行出资义务、抽逃出资）的股东承担赔偿责任的，被告股东不得以出资义务或者返还出资义务超过诉讼时效期间为由进行抗辩。

3. 公司债权人请求股东对公司债务承担连带清偿责任，股东以公司债权人对公司的债权已经超过诉讼时效期间为由抗辩，经查证属实的，法院依法予以支持。

（四）对股东权利的限制

1. 股东失权（《公司法》第 52 条）

（1）前提：股东未按照公司章程规定的出资日期缴纳出资的，由公司发出书面催缴书催缴出资。催缴书可以载明缴纳出资的宽限期；宽限期自公司发出催缴书之日起，不得少于 60 日。

（2）措施：宽限期届满，股东仍未履行出资义务的，公司经董事会决议可以向该股东发出失权通知，通知应当以书面形式发出。自通知发出之日起，该股东丧失其未缴纳出资的股权。

（3）后果：丧失的股权应当依法转让，或者相应减少注册资本并注销该股权；6 个月内未转让或者注销的，由公司其他股东按照其出资比例足额缴纳相应出资。

（4）股东救济措施：股东对失权有异议的，应当自接到失权通知之日起 30 日内，向法院提起诉讼。

2. 股东除名（《公司法解释（三）》第 17 条）

（1）前提：股东未履行出资义务或者抽逃全部出资，且经公司催告缴纳或者返还，其在合理期间内仍未缴纳或者返还出资。

（2）措施：公司可以股东会决议解除该股东的股东资格。公司应当及时办理法定减资程序或者由其他股东或第三人缴纳相应的出资。

（3）后果：在办理法定减资程序或者其他股东、第三人缴纳相应的出资之前，公司债权人可请求相关当事人承担相应责任。

✏️ 命题角度分析

设问34：某股东的行为是否构成抽逃出资？应当如何处理？

[对应场景] 出现各种违反程序将出资转出的情形，如通过"假利、假债、关联交易"将出资款转出。

[背诵金句]

1. 公司具有独立法人地位，股东的出资款形成公司的法人财产。公司成立后，股东未经法定程序将出资抽回的行为构成抽逃出资。

2. 股东抽逃出资，该股东应当向公司返还出资本息，其他协助抽逃者对此承担连带责任。

3. 抽逃出资的股东在抽逃出资本息范围内对公司债务不能清偿的部分承担补充赔偿责任，其他协助抽逃者对此承担连带责任。

设问35：股东违反出资义务时，要承担何种责任？或问：公司可以采取哪些救济手段？或问：谁对公司债务承担清偿责任？

[对应场景] 案情中出现各种违反出资义务的股东，如某股东逾期未缴足出资、公司成立时即发现出资的设备被虚假高估。特别注意：股东未届出资期限，但公司已经不能清偿到期债务的情形。

[分析思路] 从下列三个角度考虑处理措施：

角度1：该股东和公司的关系：是否应当向公司足额缴纳？（要！）是否应当对公司承担赔偿责任？（要！）

角度2：该股东和公司债权人的关系：是否应当对公司债务不能清偿的部分承担补充赔偿责任？（要区分是否违反了出资义务）

角度3：对该股东如何限权？特别注意：2023年《公司法》新增的股东失权规则。

虽然并非每个案例均要完整回答上述内容，具体要看案情和所问问题，但思考该类问题的边界通常是上述三个角度。

[背诵金句]

1.（定性）所有违反出资义务场景，均可套用万能句：“该出资人<u>未依法全面履行</u>出资义务。”

2.（定性）因**市场变化或者其他客观因素**导致股东出资财产贬值，不能否定其出资效力。本案用以出资的××在出资时符合法定出资条件，之后该部分财产贬值，并非设立公司时虚假出资，故对该部分出资，股东无需承担补足责任。

3.（处理）**该股东**除应当向公司足额缴纳外，还应当对给公司造成的损失承担赔偿责任。未及时履行催缴义务的**董事**，给**公司**造成损失的，应当承担**赔偿责任**。

4.（处理）承担资产评估（或验资、验证）的机构，给公司债权人造成损失的，承担过错赔偿责任。

5.（处理）公司经**董事会决议**可以向该股东发出书面失权通知，自**通知发出**之日起，该股东**丧失其未缴纳出资的股权**。

6. 公司对未履行出资义务（或抽逃全部出资），并经公司催告在合理期间内仍未缴纳出资的股东，可以股东会决议解除其股东资格。

设问36：股东能否以超过诉讼时效为由，拒绝缴付出资？为什么？

[对应场景] 萱草公司章程约定出资期限是2020年，但到2024年，股东A尚有50万元的出资未实际缴付。（不能拒绝缴纳）

[分析思路] 在某股东拒绝缴纳出资，或拒绝对公司债权人承担清偿责任时：

第一步，考虑出资期限。

（1）超过出资期限，股东不得以诉讼时效为由进行抗辩；

（2）未届出资期限，考虑是否符合出资加速到期。

第二步，考虑公司债权是否超过诉讼时效。

（1）公司债权人的债权未过诉讼时效期间，未履行/未全面履行/抽逃出资的股东承担赔偿责任；

（2）公司债权人的债权已过诉讼时效期间，即使股东未全面履行出资义务，也无需对公司债务承担清偿责任。

[背诵金句]

1. 诉讼时效制度解决公司债权人和公司之间形成的"债权债务"纠纷，而股东因出资和公司形成的是"股权关系"，二者性质不同。所以，股东不得以超过诉讼时效为由拒绝向公司履行出资义务。

2. 公司是独立法人，若公司债权人对公司的债权已经超过诉讼时效期间，因为公司可以诉讼时效期间抗辩该债权人，故股东也无需对公司债务承担清偿责任。

3. 当债权合法有效，未履行出资义务（或未全面履行出资义务、抽逃出资）的股东不得以出资超过诉讼时效期间为由拒绝对公司不能清偿的到期债务承担赔偿责任。

考点19 ▶▶▶ 股东资格、股东义务

一、股东资格的确认和归属

（一）公司相关文件和股东资格的关系（《公司法》第34条-公司登记、第56条-股东名册）

1. 记载于股东名册的股东，可以依股东名册主张行使股东权利。所以，股东名册是股东身份或资格的法定证明文件。

2. 公司登记事项未经登记或者未经变更登记，不得对抗善意相对人。

3. 出资证明书与股东资格没有必然关系，出资瑕疵不能成为否定股东资格的理由。

（二）股权归属争议的解决（《公司法解释（三）》第21~23条）

1. 当事人起诉请求确认其股东资格的，应当以公司为被告，与案件争议股权有利害关系的人作为第三人参加诉讼。

2. 当事人之间对股权归属发生争议，若确认其享有股权，应当证明以下

事实之一：①已经依法向公司出资或者认缴出资，且不违反法律法规强制性规定；②已经受让或者以其他形式继受公司股权，且不违反法律法规强制性规定。

3. 当事人依法履行出资义务或者依法继受取得股权后，有权请求公司履行签发出资证明书、记载于股东名册并办理公司登记机关登记的义务。

二、几类特殊的股东资格纠纷

（一）股权代持纠纷（《公司法解释（三）》第24~26条；《九民纪要》第28条）

1. 股权代持合同如无法律规定的无效情形，该合同有效。

2. 因投资权益的归属发生争议的，实际出资人有权以其实际履行了出资义务为由向名义股东主张权利。

3. 实际出资人请求公司变更股东的，应当经公司其他股东半数以上同意。但实际出资人能够提供证据证明有限责任公司过半数的其他股东知道其实际出资的事实，且对其实际行使股东权利未曾提出异议的，有权请求登记为公司股东。

4. 名义股东将登记于其名下的股权转让、质押或者以其他方式处分的，参照《民法典》"善意取得"的规定处理。

5. 公司债权人有权以名义股东未履行出资义务为由，请求其对公司债务不能清偿的部分在未出资本息范围内承担补充赔偿责任。名义股东承担赔偿责任后，可向实际出资人追偿。

（二）股东冒名（《公司法解释（三）》第28条）

冒名登记行为人应当承担相应责任。公司、其他股东、公司债权人以未履行出资义务为由，请求被冒名登记为股东的人承担补足出资责任或者对公司债务不能清偿部分的赔偿责任的，法院不予支持。

（三）股权无权转让（《公司法解释（三）》第27条）

1. 股权转让后尚未向公司登记机关办理变更登记，原股东将仍登记于其名下的股权转让、质押或者以其他方式处分的，受让股东如果符合善意取得的条件，可以取得该股权。

2. 原股东处分股权造成实际权利人（受让股东）损失的，股权实际权利人有权请求原股东承担赔偿责任，有过错的董事、高级管理人员或者实际控制人承担相应责任。

三、股东的义务（《公司法》第 21 条）

1. 公司股东应当遵守法律、行政法规和公司章程，依法行使股东权利，不得滥用股东权利损害公司或者其他股东的利益。

2. 公司股东滥用股东权利给公司或者其他股东造成损失的，应当承担赔偿责任。

📝 命题角度分析

设问 37：某笔资金约定不明时，甲和 A 公司形成何种法律关系？为什么？

[对应场景] 借款、出资糅合在一起，公司外观记载不明确。

例如，A 公司拟增资扩股，外人甲将款项 100 万元打入了 A 公司账户，但 A 公司股东名册未记载甲的名字，公司也未办理股东变更登记。之后甲多次参加公司股东会，讨论公司经营管理事宜。现在双方就该笔资金的性质发生争议。综合此案各项证据，可认定甲是 A 公司股东而非债权人。

[分析思路] 在分析甲和 A 公司关系时，一般从两个角度考虑：

角度 1：考虑甲和 A 公司是否形成债权法律关系。例如，是否构成 A 公司向甲借款，可依据民法对借款合同的要求来确定。

角度 2：考虑甲和 A 公司是否形成股权法律关系。

[背诵金句]

1. 股东身份的确认，应根据当事人的出资情况以及股东身份是否以一定的形式为公众所认知等因素进行综合判断。

2. 当事人之间对股权归属发生争议，一方请求法院确认其享有股权的，应当证明"已经依法向公司出资或者认缴出资，且不违反法律法规强制性规定"。所以，股东向公司出资是确认其享有股东权的关键。

设问 38：股权代持股纠纷中，实际出资人要求萱草公司变更股东，将自己记载于股东名册的诉讼请求能否得到法院支持？

[背诵金句]

1. 未出现《民法典》规定的合同无效情形的，该代持协议有效。

2. 基于实际出资的事实，**实际出资人**有权向**名义股东**主张投资的权益。

3. 实际出资人应当经公司其他股东半数以上同意方可请求公司将其记载于股东名册并办理公司登记机关登记。但实际出资人能够提供证据证明有限责任公司**过半数**的其他股东**知道**其实际出资的事实，且对其实际行使股东权利未曾提出异议的，有权请求登记为公司股东。

设问 39：名义股东未经实际出资人同意转让股权，第三人是否能够取得该股权？ 或问：**在股权被强制执行中，实际出资人提出的案外人执行异议能否得到法院支持？**

[对应场景]

1. 名义股东 B 未经实际出资人 A 许可，将登记于其名下的股权转让、质押或者以其他方式处分，实际出资人 A 提出该处分股权行为无效，遂发生纠纷。

2. B 代 A 持有股权，系显名股东；A 为隐名股东。C 系 B 非基于股权处分的债权人。因 B 未偿还到期债务，C 申请强制执行登记在 B 名下的股权。[1]

[分析思路] 该类案件常见分析思路为：

第一步，明确案情是"主动转让股权"，还是"被强制执行股权"。

第二步，在股权转让等处分情形中，要考虑第三人是否符合"善意取得"的条件。其中，判断主观上是否"善意"是最主要的因素。

第三步，在被动强制执行情形中，目前尚有争议，可择一观点作答。

[背诵金句]

1. 名义股东未经许可将登记于其名下的**股权处分**，和实际出资人发生纠纷的，可以参照"善意取得"的规定处理。本案中，××虽为名义股东，但在对公

---

[1] 建议掌握一种分析角度，表达清晰。

司的关系上为真正的股东，其对股权的处分应为有权处分；股权的受让人×××主观上善意并办理了相应的股东变更登记，符合"善意取得"条件。所以×××可合法取得该股权。

2. [**支持**实际出资人–最高人民法院（2015）最高法民申字第 2381 号]

股权善意取得制度的适用主体仅限于<u>与名义股东存在股权交易的第三人</u>。<u>外观主义系民商法上的学理概括，并非现行法律规定的原则</u>，据此，商事外观主义原则的适用范围不包括非交易第三人。<u>实际权利人与名义权利人的关系，应注重财产的实质归属，而不单纯地取决于公示外观</u>。本案申请执行人××并非针对名义股东名下的<u>股权从事交易</u>，仅仅因为债务纠纷而寻查名义股东的财产还债，并<u>无信赖利益保护</u>的需要。若适用商事外观主义原则，将实质权利属于实际出资人的股权用以清偿名义股东的债务，将严重侵犯实际出资人的合法权利。

3. [**不支持**实际出资人–最高人民法院（2016）最高法民申字 3132 号]

根据《公司法》第 34 条第 2 款的规定，未经登记或者变更登记的，不得对抗第三人。该款所称的"第三人"，<u>并不限缩于与显名股东存在股权交易关系的</u>债权人，名义股东的<u>非基于股权处分的债权人</u>亦应属于法律保护的"第三人"范畴。本案股权代持协议仅具有内部效力，对于外部第三人而言，股权登记具有公信力，隐名股东（A）对外不具有公示股东的法律地位，不得以内部股权代持协议有效为由对抗外部债权人（甲）对显名股东（B）的正当权利。

设问 40：（两次股权转让情形）股权转让的受让人能否取得该股权？**或问：**谁可以取得股东资格？**或问：**该股权转让对原受让人造成损失的，应当如何处理？

[**对应场景**] 股东 A 将其股权转让给 B，该次交易已完成，但公司未办理股东变更登记，该股权仍登记在 A 名下。之后，A 又将上述股权转让给了 C。即当案情中出现无权处分股权时，需要判断股权受让人是否符合"善意取得"的条件。

[**背诵金句**]

1. 原股东将虽然登记于其名下，但实质上已经完成股权转让的股权再次进行处分的，在认定第二次处分股权行为的效力时，可以参照"善意取得"的规定处理。

本案受让人×××（第二次股权转让受让人）因明知该股权已经被转让给他人，主观上不能认定为善意，故其不能取得该股权。（或者答：本案受让人×××善意不知情，且已经支付股权转让价款，故其能够取得该股权）

2. 原股东处分股权造成受让股东损失的，受让股东可以请求原股东承担赔偿责任，并且有权主张对于未及时办理变更登记有过错的董事、高级管理人员或者实际控制人承担相应责任。

设问 41：股东 A 滥用股东权，损害了股东 B 的利益，B 可以采取何种救济手段？

[对应场景] 股东损害公司的法人独立性、违反股东有限责任原则，此时，该股东除了应当对公司、公司债权人承担赔偿责任外，还应当对其他股东承担赔偿责任。

[背诵金句] 股东 A 滥用股东权利给公司或者其他股东造成损失的，应当依法承担赔偿责任。

考点 20　公司决议的效力判断

公司的决议，可分为"决议不成立、有效决议、无效决议、可撤销决议"。

一、不成立的决议（《公司法》第 27 条）

1. 认定
有下列情形之一的，公司股东会、董事会的决议不成立：
（1）未召开股东会、董事会会议作出决议；（未开会）
（2）股东会、董事会会议未对决议事项进行表决；（未表决）
（3）出席会议的人数或者所持表决权数未达到《公司法》或者公司章程规定的人数或者所持表决权数；（相当于未开会）
（4）同意决议事项的人数或者所持表决权数未达到《公司法》或者公司章程规定的人数或者所持表决权数。（相当于未表决）

2. 救济手段

股东、董事、监事等请求确认股东会、董事会决议不成立的，法院应当依法予以受理。

二、决议效力分类（《公司法》第 25 条–无效决议、第 26 条–可撤销决议）

已经成立的决议，依据内容和会议程序可划分为"有效决议""无效决议""可撤销决议"。

1. 有效决议

（1）决议内容合法，并且作出决议的程序合法；

（2）股东会、董事会的会议召集程序或者表决方式仅有轻微瑕疵，对决议未产生实质影响的，决议有效，不可撤销；

（3）不可提起请求确认"决议有效"的诉讼，法院不予受理。

2. 无效决议

（1）公司股东会、董事会的决议内容违反法律、行政法规的无效；

（2）救济手段：股东、董事、监事等请求确认股东会、董事会决议无效的，法院应当依法予以受理。

3. 可撤销决议

情 形	可撤销情形	（1）股东会、董事会的会议召集程序、表决方式违反法律、行政法规或者公司章程； （2）或者决议内容违反公司章程。
	不可撤销情形	股东会、董事会的会议召集程序或者表决方式仅有轻微瑕疵，对决议未产生实质影响的，不可撤销。
救 济	原 告	撤销股东会或者董事会决议的原告，应当在起诉时具有公司股东资格。
	时 效	情形 1：股东自决议作出之日起 60 日内，可以请求法院撤销。
		情形 2：未被通知参加股东会会议的股东： （1）自知道或者应当知道股东会决议作出之日起 60 日内，可以请求法院撤销； （2）自决议作出之日起 1 年内没有行使撤销权的，撤销权消灭。

三、和相对人的关系（《公司法》第 28 条）

股东会、董事会决议被法院宣告无效、撤销或者确认不成立的：

1. 公司应当向公司登记机关申请撤销根据该决议已办理的登记。

2. 公司根据该决议与善意相对人形成的民事法律关系不受影响。

📝 **命题角度分析**

设问 42：萱草公司股东会（董事会）决议是否有效？为什么？

[**对应场景**] 案情中出现增资决议、变更董事决议、修改章程决议、合并/分立/解散决议、为他人或公司股东担保等决议事项，但某一股东反对，提出决议效力瑕疵的诉讼。

[**分析思路**] 该类案件常见分析思路为：

第一步，考虑决议是否成立。如果案情中出现未开会、未表决等情形，可直接判断决议不成立。若不成立，则"效力"无从谈起。

第二步，在决议成立的前提下，需要从"决议内容"和"会议的决议程序（召集程序、表决方式）"两方面判定决议的效力。

[**背诵金句**]

1. 股东会决议合法有效。本案**决议内容**×××不违反现行法律、行政法规，该次股东会会议**召集程序和表决方式**符合股东会决议的程序。

2. 该项决议**内容**合法、**程序**无明显瑕疵，是有效决议。至于作出决议所依据的事实是否属实、理由是否成立，不属于司法审查范围。

3. 股东会决议有效。本案股东会**召集程序上的瑕疵**并未影响股东实际行使表决权，决议仍可体现各股东的合意，未实质影响决议的形成，股东会决议有效。

4. 股东会决议是无效决议。本案**决议内容**×××**违反现行法律、行政法规**。（常见：除名未催告、不交税先分红、董事会越权决议）

5. （可撤销决议）股东实际参加股东会并作出真实的意思表示，是决议有效的必要条件。本案中，公司未尽到适当通知义务，股东会决议无法体现未参会股东的意志，显然，未通知股东参会并非股东会召集程序轻微瑕疵，故股东有权请求**撤销该决议**。

设问 43：关于萱草公司的决议瑕疵，股东可以采取哪些救济手段？**或问：**因决议瑕疵，股东 A 主张萱草公司和第三人的合同无效的主张能否得到法院支持？

［背诵金句］

1. 股东提出请求确认公司**决议有效**的诉讼，因决议内容合法且决议程序无明显瑕疵，股东利益没有受到损害，故法院不予受理。

2. 就本案决议不成立之诉（或决议无效之诉），适格原告不仅包括公司股东，还包括董事、监事等利害关系人。

3. （可撤销决议）提起诉讼的原告必须具有**公司股东资格**。通知参会的股东自**决议作出之日起 60 日内**，可以请求法院撤销。

4. （可撤销决议）**未被通知参加股东会会议的股东自知道或者应当知道**股东会决议作出之日起 60 日内，可以请求法院撤销；但自决议作出之日起 **1 年内**没有行使撤销权的，撤销权消灭。

5. 案涉决议虽然被确认无效（或不成立或撤销），但决议属于公司内部法律关系，公司依据该决议与善意相对人形成的**民事法律关系不受影响**。

考点 21 ▶▶ 董事、监事、高级管理人员

一、任职资格（《公司法》第 178 条）

1. 有下列情形之一的，不得担任公司的董事、监事、高级管理人员：

（1）无民事行为能力或者限制民事行为能力；

（2）因贪污、贿赂、侵占财产、挪用财产或者破坏社会主义市场经济秩序，被判处刑罚，或者因犯罪被剥夺政治权利，执行期满未逾 5 年，被宣告缓刑的，自缓刑考验期满之日起未逾 2 年；

（3）担任破产清算的公司、企业的董事或者厂长、经理，对该公司、企业的破产负有个人责任的，自该公司、企业破产清算完结之日起未逾 3 年；

（4）担任因违法被吊销营业执照、责令关闭的公司、企业的法定代表人，并负有个人责任的，自该公司、企业被吊销营业执照、责令关闭之日起未逾 3 年；

（5）个人因所负数额较大债务到期未清偿被法院列为失信被执行人。

2. 违反上述规定选举、委派董事、监事或者聘任高级管理人员的，该选举、委派或者聘任无效；前述人员在任职期间出现上述情形的，公司应当解除其职务。

二、产生、辞任

1. 董事、监事（《公司法》第59、68条，第70条-辞职）

（1）股东会选举和更换董事、监事，决定有关董事、监事的报酬事项；

（2）职工代表由公司职工通过职工代表大会、职工大会或者其他形式民主选举产生；

（3）董事辞任的，应当以书面形式通知公司，公司收到通知之日辞任生效。

2. 高级管理人员（《公司法》第67条）

（1）董事会决定聘任或者解聘公司经理及其报酬事项；

（2）董事会根据经理的提名决定聘任或者解聘公司副经理、财务负责人及其报酬事项；

（3）高级管理人员辞任的，目前《公司法》无明确规定，可比照董事辞职处理，即公司收到通知之日辞任生效。

3. 法定代表人（《公司法》第10、11条）

（1）公司的法定代表人按照公司章程的规定，由代表公司执行公司事务的董事或者经理担任；

（2）担任法定代表人的董事或者经理辞任的，视为同时辞去法定代表人；

（3）法定代表人以公司名义从事的民事活动，其法律后果由公司承受；

（4）公司章程或者股东会对法定代表人职权的限制，不得对抗善意相对人。

4. 关系

（1）董事、高级管理人员不得兼任监事；（《公司法》第76条第4款）

（2）监事会：对董事、高级管理人员执行职务的行为进行监督，对违反法律、行政法规、公司章程或者股东会决议的董事、高级管理人员提出解任的建议。（《公司法》第78条第2项）

三、忠实义务、勤勉义务（《公司法》第 180、186、188 条）

1. 义务主体。包括：

（1）董事、监事、高级管理人员；

（2）不担任公司董事但实际执行公司事务的控股股东、实际控制人。

2. 忠实、勤勉义务的定义

（1）忠实义务：上述义务主体应当采取措施避免自身利益与公司利益冲突，不得利用职权牟取不正当利益；

（2）勤勉义务：上述义务主体执行职务应当为公司的最大利益尽到管理者通常应有的合理注意。

3. 违反上述义务的处理（《公司法》第 186、188 条）

（1）董事、监事、高级管理人员违反上述规定所得的收入应当归公司所有；

（2）董事、监事、高级管理人员违法、违反章程执行职务，给公司造成损失的，应当承担赔偿责任；（见下文）

（3）若公司拒绝起诉或者怠于起诉，则会引发股东代表诉讼。（见下文）

四、董事、监事、高管的赔偿责任

1. 对公司的赔偿责任

（1）公司的控股股东、实际控制人、董事、监事、高级管理人员不得利用关联关系损害公司利益。给公司造成损失的，应当承担赔偿责任。

（2）董事、监事、高级管理人员执行职务违反法律、行政法规或者公司章程的规定，给公司造成损失的，应当承担赔偿责任。

（3）清算组成员（原则上为董事）怠于履行清算职责，给公司造成损失的，应当承担赔偿责任；因故意或者重大过失给债权人造成损失的，应当承担赔偿责任。

2. 对股东的赔偿责任

（1）董事、高级管理人员违反法律、行政法规或者公司章程的规定，损害股东利益的，股东可以向法院提起诉讼；（《公司法》第 190 条）

（2）公司的控股股东、实际控制人指示董事、高级管理人员从事损害公司或者股东利益的行为的，与该董事、高级管理人员承担连带责任。（《公司法》第 192 条）

3. 对第三人的赔偿责任（不含监事）（《公司法》第 191 条、第 232 条第 3 款）

（1）董事、高级管理人员执行职务，给他人造成损害的，公司应当承担赔偿责任；

（2）董事、高级管理人员存在故意或者重大过失的，也应当承担赔偿责任；

（3）清算义务人（原则上为董事）未及时履行清算义务，给公司或者债权人造成损失的，应当承担赔偿责任。

4. 在资本维持时的责任

（1）有限责任公司成立后，董事会应当对股东的出资情况进行核查……催缴出资。董事会未及时履行前述义务，给公司造成损失的，负有责任的董事应当承担赔偿责任。

（2）公司成立后，因股东抽逃出资，给公司造成损失的，负有责任的董事、监事、高级管理人员应当与该股东承担连带赔偿责任。

（3）公司违反《公司法》规定向股东分配利润，给公司造成损失的，股东及负有责任的董事、监事、高级管理人员应当承担赔偿责任。

（4）违反《公司法》规定减少注册资本，给公司造成损失的，股东及负有责任的董事、监事、高级管理人员应当承担赔偿责任。

（5）违反规定为他人取得本公司股份提供财务资助，给公司造成损失的，负有责任的董事、监事、高级管理人员应当承担赔偿责任。

五、董事责任保险（《公司法》第 193 条）

1. 公司可以在董事任职期间为董事因执行公司职务承担的赔偿责任投保责任保险。

2. 公司为董事投保责任保险或者续保后，董事会应当向股东会报告责任保险的投保金额、承保范围及保险费率等内容。

✎ 命题角度分析

设问 44：萱草公司董事会的组成是否合法？或问：公司组织机构和组成人员是否合法？

[背诵金句]

1. 本案 A_____（具体事项，如重大责任事故罪、无民事行为能力人、负债较大被列为失信被执行人等），符合/不符合《公司法》中关于董事、监事、高级管理人员任职资格的要求。

2. 为达到有效监督目的，促使公司监事更好地履行监督执行机构的职责，《公司法》规定，董事、高级管理人员不得兼任监事。

设问 45：某公司股东会解聘董事 A，是否符合法律规定？A 可以采取何种救济措施？

[对应场景] 董事 A 没有违法、违反章程的行为，但却被股东会无故解除职务。（解除职务行为合法）

[背诵金句]

1.（可解聘董事）公司与董事之间为委托关系，依公司的选任决议和董事同意任职而成立委托合同。既然为委托合同，那么合同双方均有**任意解除权**。所以，董事任期届满前被股东会有效决议解除职务的，该解除可发生法律效力。

2.（董事可采取的救济措施）董事职务被解除后，因补偿与公司发生纠纷提起诉讼的，法院应当综合考虑解除的原因、剩余任期、董事薪酬等因素，确定是否补偿以及补偿的合理数额。

设问 46：董事（或总经理、法定代表人）A 提出辞职但未获得股东会（或董事会）批准，该辞职是否生效？何时生效？

[背诵金句] 生效。公司与董事（或总经理、法定代表人）之间为委托关系，依公司的选任决议和董事（或总经理、法定代表人）同意任职而成立委托合同。既然为委托合同，那么合同双方均有任意解除权。所以，董事（或总经理、

法定代表人）辞任并以书面形式通知公司的，公司**收到通知之日**辞任生效。

设问 47：本案董事、高级管理人员的行为是否合法？对上述行为，公司可以采取哪些措施？

[对应场景] 董事、高级管理人员出现各种损害公司利益的行为。

例如，甲是萱草公司的总经理，其将自己的私家车出租给公司，后股东们获知此事，一致认为租金太高，不同意支付，遂发生纠纷。（该案的处理规则是"所得的收入应当归公司所有"）

[背诵金句] 董事、高级管理人员应当对公司负有忠实义务和勤勉义务。未经股东会同意，_____（具体的行为，如擅自谋取属于公司的商业机会等），该所得的收入应当归公司所有，并对给公司造成的损失承担赔偿责任。

设问 48：公司监事会罢免董事长职位，是否合法？

[对应场景] 2017 年真题案情是："A 担任公司董事长，B 任监事。A 与 B 爆发严重冲突，后发生了 B 以监事身份来罢免 A 董事长职位的情况。"上述做法是否合法？（答：不合法）

[背诵金句] 监事会作为行使监督职能的公司机构，其有权对违法、违规、违章的董事、高级管理人员提出解任的建议。但由于监事会并非公司事务执行机构，因此监事会无权决定董事和高级管理人员的任免。

设问 49：股东 Y 认为自己的利益受损，要求萱草公司返还出资的请求及理由是否成立？股东 Y 应当如何主张自己的权利？

[对应场景] 控股股东 A 指示萱草公司的董事长 B 将萱草公司资产投资于自己的子公司（或其他谋取萱草公司商业利益的行为），并造成重大损失。对此，萱草公司的其他股东均不知情。其他股东 Y 要求退股。（不合法）

[背诵金句]

1. 基于公司资本维持原则，股东不得要求退股，故股东在公司成立后不得要求返还出资。

2. 控股股东 A 的行为_____（具体行为，如将属于公司的商业机会违法给自己好友），违反了忠实义务和勤勉义务，损害了公司利益，也损害了股东的利益，应当承担赔偿责任。（《公司法》第 190 条）同时，案情显示，董事长 B 是受到控股股东 A 的指示，基于共同侵权的原理，A 与 B 应当对公司（或股东）承担连带责任。（《公司法》第 192 条）

3. 本案中，董事 C 执行职务违反章程的规定，给公司造成损失，应当承担赔偿责任。（或，给他人造成损害的，公司应当承担赔偿责任，且董事 C 存在故意或者重大过失，也应当承担赔偿责任）

考点22 ▶▶▶ （有限责任公司）公司的组织机构

一、组织机构的组成、任期

1. 股东会：由全体股东组成；一人公司不设股东会。

2. 董事会（《公司法》第 68、69、75 条）

（1）董事会成员为 3 人以上。

（2）一般规模公司：成员中可以有公司职工代表；职工人数 300 人以上的有限责任公司，其董事会成员中应当有公司职工代表；职工代表通过职工代表大会、职工大会等形式民主选举产生。

（3）可在董事会中设置审计委员会等专门委员会。具体由公司章程规定。

（4）规模较小或者股东人数较少的有限责任公司，可以不设董事会，设 1 名董事，行使董事会的职权。（无董事长）

3. 监事会（《公司法》第 69、76、83 条）

（1）监事会成员为 3 人以上，其中职工代表的比例不得低于 1/3。

（2）可不设监事会或者监事的情形

❶规模较小或者股东人数较少的有限责任公司；

❷董事会中设置审计委员会。

二、会议规则和表决方式

（一）一般规则（《公司法》第 62~64 条–股东会召集，第 65、66 条–股东会表决，第 72、73 条–董事会召集和表决）

	会议召集规则	会议表决规则
股东会	（1）会议召开 15 日前通知全体股东；（公司章程另有规定或者全体股东另有约定的除外） （2）召集、主持依据法定程序：董事会召集，董事长主持→监事会召集和主持→代表 1/10 以上表决权的股东自行召集和主持；（提示：召开会议不可诉） （3）提议召开临时会议人：代表 1/10 以上表决权的股东、1/3 以上的董事、监事会。	（1）由股东按照（认缴）出资比例行使表决权；但公司章程另有规定的除外。（见下文） （2）作出决议的有效比例 ①一般事项：应当经代表过半数表决权的股东通过； ②重大事项[1]（章程资本合分散）：应当经代表 2/3 以上表决权的股东通过。
董事会	（1）应当有过半数的董事出席方可举行； （2）召集主持依据法定程序：董事长召集和主持→副董事长召集和主持→由过半数的董事共同推举 1 名董事召集和主持。	（1）董事会决议的表决，应当一人一票； （2）有效比例：作出决议，应当经全体董事的过半数通过。
监事会	（略）	

（二）实务难点

1. 未缴纳部分出资的表决权问题

［问题］股东认缴的出资未届履行期限，对未缴纳部分的出资是否享有以及如何行使表决权？

［处理］

（1）应当根据公司章程来确定。公司章程没有规定的，应当按照认缴出资的比例确定。

（2）如果股东会作出不按认缴出资比例而按实际出资比例或者其他标准

---

[1] 重大事项，具体是指股东会作出修改公司章程、增加或者减少注册资本的决议，以及公司合并、分立、解散或者变更公司形式的决议。

确定表决权的决议（即决议内容为"确定表决权的计算规则"），则：

❶ 该决议经代表 2/3 以上表决权的股东通过，已经符合修改公司章程所要求的表决程序的，该决议有效；

❷ 该决议没有经代表 2/3 以上表决权的股东通过，尚不符合修改公司章程要求的，该决议不成立。（即计算表决权的新规则无效）

[易错] 该决议中 2/3 以上表决权的计算方法，仍为"认缴出资比例"。因为只有在通过该决议后，新的表决权计算规则才能生效。

[例] 认缴出资期限至 2025 年。2023 年，公司召开股东会讨论罢免董事 A 的事宜。公司章程规定，股东会按照认缴出资比例表决。但是，该次股东会准备按照实缴出资比例表决罢免董事 A 这一事项，且该决议得到了占实缴出资比例 35% 表决权的股东支持。则：

（1）若上述占 35% 实缴出资比例的股东，依据认缴出资比例计算，代表低于 66.7% 表决权（如按认缴出资比例为 45%），则因未达修改章程的比例要求，该次更换董事 A 的决议，仍应当按照"认缴出资比例"表决，新的计算规则无效，更换董事 A 的该次股东会决议"尚未成立"；

（2）若上述股东依据认缴出资比例计算，代表超过 66.7% 表决权，则因符合修改章程所要求的表决比例，该次更换董事 A 的决议有效。

2. 修改章程条款的表决问题

[问题] 是否只要涉及修改章程条款，均需要经股东会代表 2/3 以上表决权的股东通过，该决议才有效？

[处理]

（1）从立法本意来说，只有对公司经营造成特别重大影响的事项才需要经代表 2/3 以上表决权的股东通过。[1] 在公司章程记载的事项中，有些事项的变更会对公司经营造成重大影响。例如，公司增加或减少注册资本，该项变更涉及对债权人的保护，所以该项章程条款的变更应当由股东会经"特别多数，即代表 2/3 以上表决权的股东"通过。

（2）但是，某些事项在公司章程中虽然应当记载，但其更多体现出的是

---

[1] 来源：新疆维吾尔自治区高院：新疆豪骏贸易有限责任公司、张某某与乌鲁木齐市祥平实业有限责任公司、乌鲁木齐市祥平房地产开发有限责任公司公司决议撤销纠纷再审案。

形式记载，如公司的名称住所、股东的姓名、法定代表人的名称等，对这些记载事项的变更在章程中体现出的仅是一种记载方面的修改，这类变更对公司的生产经营、公司债权人的保护等，不会发生重大变化。所以，该项章程条款的变更无需经"股东会代表 2/3 以上表决权的股东"通过。

（3）需特别注意的是，公司章程需载明"公司法定代表人的产生、变更办法"。可知，法定代表人的产生与变更交由公司意思自治。例如，A 公司章程规定"变更法定代表人由股东会代表 1/2 以上表决权的股东通过决议"，则 A 公司变更法定代表人时，不应再固守"章程变更，需要经股东会代表 2/3 以上表决权的股东通过"的规则，满足"经股东会代表 1/2 以上表决权的股东通过"的条件，即可变更法定代表人。

📝 命题角度分析

设问 50：本案公司的治理机构（组织机构）是否合法？

[对应场景] 萱草公司没有设置董事会、监事会；或者虽然设置了监事会，但没有职工代表等情形。

[背诵金句]

1. 规模较小或者股东人数较少的有限责任公司，可以不设董事会（监事会）。
2. 在不设董事会的治理结构中，董事行使董事会的职权。

设问 51：当公司召开股东会时，股东 A 的认缴出资未届履行期限，他该如何行使表决权？或问：公司股东会作出按照实际出资比例行使表决权的决议，该决议效力如何？

[对应场景] 公司章程没有规定，现召开股东会，股东会决定按实缴出资比例来表决。

[背诵金句] 有限责任公司的注册资本为认缴资本制，承认股东出资的期限利益。股东认缴的出资未届履行期限，对未缴纳部分的出资是否享有以及如何行使表决权，应当根据公司章程来确定。公司章程没有规定的，应当按照认缴出资的比例确定。

考点 23 ▶▶▶ 注册资本的变更、公司收益分配、公司清算

一、公司增加注册资本（《公司法》第 66 条第 3 款，第 227、228 条）

1. 公司增资程序（是否增资）

有限责任公司：股东会作出增加或者减少注册资本的决议，应当经代表 2/3 以上表决权的股东通过。

2. 股东缴纳出资的程序（如何缴纳）

（1）股东在同等条件下有权优先按照实缴的出资比例认缴出资。但是，全体股东约定不按照出资比例优先认缴出资的除外。

（2）股东认缴新增资本的出资，依照《公司法》设立有限责任公司缴纳出资的有关规定执行。

二、公司减少注册资本

1. 情形一：股东会决议减资（《公司法》第 224 条）

（1）公司需要作出股东会决议决定是否减少注册资本。（和增加注册资本相同）

（2）公司减少注册资本，应当编制资产负债表及财产清单。

（3）公司应当履行对债权人的通知和公告程序。

公司应当自股东会作出减少注册资本决议之日起 10 日内通知债权人，并于 30 日内在报纸上或者国家企业信用信息公示系统公告。

（4）向股东返还出资。

公司减少注册资本，应当按照股东出资或者持有股份的比例相应减少出资额或者股份，法律另有规定、有限责任公司全体股东另有约定或者股份有限公司章程另有规定的除外。

2. 情形二：减少注册资本以弥补亏损（《公司法》第 225 条）

（1）适用情形：公司依照法定顺序弥补亏损后，仍有亏损的，可以减少注册资本弥补亏损。

（2）后果

❶公司不得向股东分配，也不得免除股东缴纳出资或者股款的义务；

❷公司依法减少注册资本后，在法定公积金和任意公积金累计额达到公司注册资本50%前，不得分配利润。

3. 违反规定减资的处理（《公司法》第226条）

（1）违反《公司法》规定减少注册资本的，股东应当退还其收到的资金，减免股东出资的应当恢复原状；

（2）给公司造成损失的，股东及负有责任的董事、监事、高级管理人员应当承担赔偿责任。

4. 实务难点

违法减资和公司债权人的关系，目前在法律中没有明确规定。下列两种观点均来自最高人民法院近年裁判规则。

[观点1] 形式上的减资，股东不构成抽逃出资，不对公司债权人承担补充赔偿责任。（本书支持）

（1）"减资程序违法"不能一概认定为"股东抽逃出资"。公司在减资过程中存在程序违法的情形，与股东利用公司减资抽逃出资是两个不同的问题，违法减资的责任主体是公司，抽逃出资的责任主体是股东，故不能仅因公司减资程序违法就一概认定为股东抽逃出资。

（2）股东抽逃出资行为本质上是股东侵犯公司财产权的行为，导致公司责任财产减少。如果在公司减资过程中，股东并未实际抽回资金（例如，未届认缴出资期限，股东认缴出资金额很高，现降低认缴出资金额，但未实际从公司取得股款），则属于形式上的减资，即公司登记的注册资本虽然减少，但公司的责任财产并未发生变化。

（3）上述情形下，虽然公司减资存在程序违法，应由相关管理机关对其实施一定的处罚，但股东并未利用公司减资程序实际抽回出资、未损害债权人的利益，因此不能因公司减资程序违法就认定股东构成抽逃出资。

（4）结论：形式上的减资，股东不构成抽逃出资，不对公司债权人承担补充赔偿责任。

[观点2] 各股东在减资范围内承担补充赔偿责任。（本书不支持）

（1）公司在减资时未对已知债权人进行减资通知，使得债权人丧失了在公司减资前要求其清偿债务或提供担保的权利。该情形与股东违法抽逃出资的实质以及对债权人利益受损的影响，在本质上并无不同。

（2）因此，尽管我国法律未具体规定公司在不履行减资法定程序导致债权人利益受损时股东的责任，但可比照《公司法》的相关原则和规定来加以认定。

（3）结论：由于公司在减资行为上存在瑕疵，致使减资前形成的公司债权在减资之后清偿不能的，股东应在公司减资数额范围内对公司债务不能清偿的部分承担补充赔偿责任。

三、公司收益分配规则

1. 公司依据法定顺序分配利润：公司弥补亏损和提取公积金后，所余税后利润向股东进行分配。

2. 违反顺序分配的处理

（1）公司违反《公司法》规定在弥补亏损和提取法定公积金之前向股东分配利润的，股东应当将违反规定分配的利润退还公司；

（2）给公司造成损失的，股东及负有责任的董事、监事、高级管理人员应当承担赔偿责任。

3. 资本公积金（《公司法》第213条）

资本公积金，包括公司以超过股票票面金额的发行价格发行股份所得的溢价款、发行无面额股所得股款未计入注册资本的金额以及国务院财政部门规定列入资本公积金的其他项目。可以理解为是企业收到的投资者超出其在企业注册资本（或股本）中所占份额的投资。

四、清算程序（《公司法》第232~237、239条）

1. 董事为公司清算义务人，应当在解散事由出现之日起15日内组成清算组进行清算。

2. 清算行为。（略）

3. 公司清算结束后，清算组应当制作清算报告，报股东会或者法院确认，并报送公司登记机关，申请注销公司登记。

4. 清算组发现公司财产不足清偿债务的，应当依法向法院申请破产清算。

命题角度分析

设问 52：萱草公司增加注册资本是否符合法律规定？**或问**：公司增资时，股东会决议不按照出资比例增资，是否合法？**或问**：公司增资决议效力如何？

[对应场景] 股东会决议该次增资引进外部投资者 A，500 万元增资款均由 A 缴纳。现有股东张某同意增资但反对引入 A，张某认为，引入外部投资者 A 会改变现有股东的持股比例，也会影响现有股东的"人合性"。但是，其他几位股东因为自有资金不足，均同意 A 定向增资。

[背诵金句]

1. 股东有权按照实缴的出资比例，主张在此次增资时的优先认缴权。也即在有外部投资者 A 存在时，仍要保护现有股东的优先认缴权。但该股东无权优先认购其他股东放弃部分。

2. 公司新增资本时，股东有权优先按照实缴的出资比例认缴出资。仅全体股东约定不按照出资比例优先认缴出资的除外。

3.《公司法》规定的"增加（或减少）注册资本经代表 2/3 以上表决权的股东通过"的规则，是指公司注册资本的增加（或减少），但不包括增资（或减资）后股权在各股东之间的分配。不同比增资（或减资）会打破现有股权分配情况，如只需经代表 2/3 以上表决权的股东通过即可作出不同比增资（或减资）决议（或定向增减资的决议），实际上是以"多数决"的形式改变了股东以实缴出资比例所形成的现有股权架构，故对于不同比增资（或减资），除全体股东或者公司章程另有约定外，应当由全体股东一致同意。

设问 53：在萱草公司增加（或减少）注册资本的程序中，何时产生注册资本变更的法律效力？

[对应场景] 萱草公司在 2021 年 5 月 8 日召开股东会，作出公司增资 1000 万元并修改公司章程的决议，并于 2021 年 5 月 20 日办理完毕公司注册资本的公司变更登记。（注册资本变更的时间为 5 月 20 日）

[背诵金句] 公司的注册资本只有经过公司登记，才能产生注册资本的法定效力。进而在公司通过修改章程而增加注册资本时，也同样只有在登记完毕后，才能产生注册资本增加的法定效力。

设问 54：公司未经法定程序减资，股东是否对公司的债务承担清偿责任？

[对应场景] A 公司在未通知债权人的情况下，提供虚假材料办理了减资的变更登记，但其在减资前未向 B 公司清偿债务。B 公司向法院诉请 A 公司清偿债务，并主张因为减资程序违法，A 公司各股东构成抽逃出资，请求 A 公司股东承担补充赔偿责任。

[背诵金句]

1. （形式上的减资，不构成抽逃出资，股东无需承担连带责任）

抽逃出资的责任主体是股东，其行为本质上是股东侵犯公司财产权，导致公司责任财产减少。违法减资的责任主体是公司，如果在公司减资过程中，股东并未实际抽回资金，则属于形式上的减资，即公司登记的注册资本虽然减少，但公司的责任财产并未发生变化，股东并未利用公司减资程序实际抽回出资、侵犯公司财产权，亦未损害债权人的利益，因此不能因公司减资程序不合法就认定股东构成抽逃出资。

2. （实质上的减资，即违反减资程序并实际返还了出资款，该股东应承担赔偿责任）

公司在减资时未对已知债权人进行减资通知，使得债权人丧失了在公司减资前要求其清偿债务或提供担保的权利。该情形与股东违法抽逃出资的实质以及对债权人利益受损的影响，在本质上并无不同。由于公司在减资行为上存在瑕疵，致使减资前形成的公司债权在减资之后清偿不能的，股东应在公司减资数额范围内对公司债务不能清偿部分承担补充赔偿责任。

设问 55：外部投资者 A 的投资款项，是否全部计入萱草公司的注册资本？

[对应场景] 萱草公司拟吸收外部投资者 A 公司。A 公司因为看好萱草公

司的发展前景，愿意以较高的价格购买原始股东的股权。若萱草公司的注册资本为 100 万元，A 公司的投资款为 2000 万元，但 A 公司仅占萱草公司 20% 的股权。

[背诵金句] 并非全部计入注册资本。从 A 公司的投资款（高）和其在萱草公司所占持股比例（低）可知，萱草公司是通过溢价增资引入新的投资者。根据《公司法》第 213 条的规定，超过新增注册资本的部分应作为资本溢价款计入公司资本公积金。

设问 56：（公司清算）萱草公司解散后，其后续行为及其状态是否符合法律规定？为什么？ 或问：对萱草公司的后续行为如何评价？为什么？

[对应场景] 萱草公司解散后未进行实际的清算，仍保持经营状态并登记于公司登记机关。

[背诵金句]

1. 按照我国《公司法》的规范逻辑，解散判决生效后，公司就必须经过清算程序走向终止。

2. 公司解散后仍然继续存在的事实，与我国解散决议作出后，公司就必须经过清算程序走向终止的法律规定不符，是不合法的。

专题 *4* 破产法和民法结合

考点 24 ▶▶ 破产对合同、债权的影响

一、双方均未履行完毕的合同（《企业破产法》第18条）

1. 法院受理破产申请后，管理人对破产申请受理前成立而债务人和对方当事人均未履行完毕的合同有权决定解除或者继续履行，并通知对方当事人。

2. 管理人自破产申请受理之日起2个月内未通知对方当事人，或者自收到对方当事人催告之日起30日内未答复的，视为解除合同。

3. 管理人决定继续履行合同的，对方当事人应当履行；但是，对方当事人有权要求管理人提供担保。管理人不提供担保的，视为解除合同。

二、债权异议（《破产法解释（三）》第8条）

1. 债务人、债权人对债权表记载的债权有异议的，异议人应当在债权人会议核查结束后15日内向法院提起债权确认的诉讼。

2. 当事人之间在破产申请受理前订立有仲裁条款或仲裁协议的，应当向选定的仲裁机构申请确认债权债务关系。

三、破产债权的申报规则

1. 申报规则（《企业破产法》第45、56条）

（1）债权申报期限自法院发布受理破产申请公告之日起计算，最短不得少于30日，最长不得超过3个月。

（2）债权人未在债权申报期限内申报债权的，可以在破产财产最后分配前补充申报。但是，此前已进行的分配，不再对其补充分配。并且，为审查和确认补充申报债权的费用，由补充申报人承担。

2. 可申报的破产债权类型（《企业破产法》第46、47、53、55条）

破产债权，是指法院受理破产申请前成立的对债务人享有的债权。包括：

（1）有担保的债权。

（2）未到期的债权，在破产申请受理时视为到期，可以申报。

（3）附条件、附期限的债权和诉讼、仲裁未决的债权，可以申报。

（4）附利息的债权自破产申请受理时起停止计息。破产申请受理前的利息，随本金一同申报。（破产止息）

（5）管理人对破产申请受理前成立而债务人和对方当事人均未履行完毕的合同决定解除的，对方当事人以因合同解除所产生的损害赔偿请求权申报债权。

（6）破产债务人是票据的出票人，该票据的付款人继续付款或者承兑的，付款人以由此产生的请求权申报债权。

3. 不可作为破产债权申报的类型（《企业破产法》第 48 条第 2 款；《破产法解释（三）》第 3 条）

（1）破产申请受理后，债务人欠缴款项产生的滞纳金，包括债务人未履行生效法律文书应当加倍支付的迟延利息和劳动保险金的滞纳金，不作为破产债权申报。

（2）罚金、罚款、违约金，不得申报。

（3）职工债权不必申报，由管理人调查后列出清单并予以公示。

职工债权，是指债务人所欠职工的工资和医疗、伤残补助、抚恤费用，所欠的应当划入职工个人账户的基本养老保险、基本医疗保险费用，以及法律、行政法规规定应当支付给职工的补偿金。

✍ 命题角度分析

设问 57：萱草公司管理人发现某合同在破产申请受理前成立但尚未履行完毕，该合同应当如何处理？

[对应场景]

1. 萱草公司与甲公司签订的买卖合同约定有标的物所有权保留条款，该合同定性为"双方均未履行完毕的合同"。

2. 双方签订建筑工程施工合同，该工程因为萱草公司拖欠工程款尚未竣工，现萱草公司破产，该合同定性为"双方均未履行完毕的合同"。

[背诵金句]

1. **管理人**对破产申请受理前成立而债务人和对方当事人均未履行完毕的合同有权**决定解除或者继续履行**，并通知对方当事人。

2. 上述合同，管理人决定继续履行的，对方当事人应当履行；但是，对方当事人有权要求管理人提供担保。管理人不提供担保的，视为解除合同。

设问 58：双方当事人对该笔债权存有异议，现一方破产，就该异议应当如何处理？

[对应场景] 当事人之间曾在某合同中订立有仲裁条款。现一方被受理破产，但双方当事人对合同形成的债权存在异议。

[背诵金句] 当对债权持有异议时，要区分处理：

1. 如果当事人之间在破产申请受理前订立有**仲裁条款**或仲裁协议，应当向选定的**仲裁机构**申请确认债权债务关系。

2. 如果当事人之间在破产申请受理前没有订立**仲裁条款**或仲裁协议，异议人应当向法院提起债权确认的诉讼。

设问 59：在萱草公司破产案件中，哪些权利可作为破产债权申报？未申报债权的权利人能否得到分配？

[对应场景] 2022 年 3 月 1 日，萱草化工公司被宣告破产，并依法进行了部分财产的分配。此时远在蒙古国的 A 公司向管理人表示，因一直未获知萱草化工公司的相关信息，其享有的对萱草化工公司的 500 万元货款债权于 2022 年 8 月 15 日到期，未来得及申报。经管理人审核，该项债权属实。则 A 公司可申报债权，但此前已进行的分配，不再对其补充分配。

[背诵金句]

1. 案涉债权虽然**未到期**(或设定担保等)，但依据《企业破产法》的规定，只要是法院**受理破产申请前**成立的债权，均列为破产债权，可以向管理人申报。

2. 债权申报仅是为确立破产债权的一项程序安排，债权人不会因为未履行按期申报的程序而丧失其实体上的债权，所以，《企业破产法》规定，未在法定期限内申报债权的债权人，仍有权在破产财产最后分配前补充申报。

考点 25 ▶▶ 保证债权的特殊规则

一、债务人破产，保证人正常（《担保制度解释》第 22、23 条）

A 公司欠甲银行贷款 100 万元，B 公司是该笔贷款的保证人。A 公司被受理破产，其破产清偿率为 10%，但 B 公司是正常经营的企业。

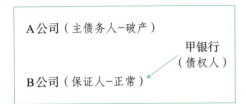

图 1

图 2

1. 法院受理债务人破产案件，债权人在破产程序中申报债权后，有权提起诉讼，请求担保人承担担保责任。

2. 法院受理债务人破产案件后，债权人请求担保人承担担保责任的，担保人有权主张担保债务自法院受理破产申请之日起停止计息。

[原理] 因为保证债权是从属债权，既然主债务人"破产止息"，那么保证债权也采用"破产止息"规则，自法院受理破产申请之日起不再计算保证人的利息。

3. 破产人的保证人在破产程序终结后，对债权人依照破产清算程序未受清偿的债权，依法继续承担清偿责任。

4. 担保人承担担保责任后，向和解协议或者重整计划执行完毕后的债务人追偿的，法院不予支持。

[原理] 因为重整计划是经过利害关系人表决通过的，一旦依据重整计划执行完毕，则后账勾销。后文"重整"将涉及。

5. 债权人未向债务人的管理人申报全部债权时：（图 1）

（1）保证人（B 公司）已经代替债务人（A 公司）清偿债务的；

（2）或者尚未代替债务人（A 公司）清偿债务的。

在上述两种情况下，均可以现实求偿权或将来求偿权向债务人（A 公司）

申报债权。

6. 债权人已经向债务人的管理人申报全部债权时：（图2）

（1）保证人（B公司）清偿债权人（甲银行）的全部债权的，可以代替债权人（甲银行）在债务人（A公司）的破产程序中受偿；

（2）在债权人（甲银行）未获全部清偿前，保证人（B公司）不得代替债权人（甲银行）在债务人（A公司）的破产程序中受偿。

[原理] 在一个破产案件中，同一个债权人不能得到两笔清偿，即不能超过该案的破产清偿率。

[例] 当甲公司向A公司（债务人企业）申报100万元并向B公司（保证人）主张清偿时，如果保证人B公司仅部分代偿，如B公司向甲公司清偿了10万元，则保证人B公司清偿后不得向A公司追偿。

因为：B公司向甲公司清偿10万元，如果允许B公司以10万元清偿额向A公司申报，则会产生A公司清偿2次的后果：

（1）A公司向甲公司清偿10万元；

（2）A公司向B公司清偿1万元。

所以：就该笔100万元的债权，A公司一共清偿10+1＝11万元，清偿率为11%，但A公司的其他债权人的清偿率仅有10%，这对A公司的其他债权人不公平。

结论：保证人B公司全额清偿100万元后，可取代债权人甲公司向A公司追偿。保证人B公司部分代偿的，清偿后不得向A公司追偿。

二、债务人正常，保证人破产（《破产法解释（三）》第4条第1、2款）

A公司欠甲银行贷款100万元，B公司是该笔贷款的保证人。B公司被受理破产，其破产清偿率为10%，但A公司是正常经营的企业。

B公司可向A公司求偿

1. 主债务未到期的，保证债权在保证人破产申请受理时视为到期。（加速到期）

2. 保证人被裁定进入破产程序的，债权人有权申报其对保证人的保证债权。

3. 一般保证的保证人主张行使先诉抗辩权的，法院不予支持。

三、债务人、保证人均破产（《破产法解释（三）》第5条）

A 公司欠甲银行贷款 100 万元，B 公司是该笔贷款的保证人。A、B 公司均被受理破产，假设二者破产清偿率均为 10%。

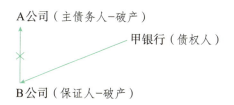

A公司（主债务人-破产）

甲银行（债权人）

B公司（保证人-破产）

B公司不可向A公司求偿

1. 连带债务人数人被裁定适用破产程序的，其债权人有权就全部债权分别在各破产案件中申报债权。所以，债权人有权向债务人、保证人分别申报债权。

2. 债权人向债务人、保证人均申报全部债权的，从一方破产程序中获得清偿后，其对另一方的债权额不作调整，但债权人的受偿额不得超出其债权总额。

3. 保证人履行保证责任后不再享有求偿权。

📝 **命题角度分析**

设问 60： 债权人向 A 公司申报债权后，还可采取哪些救济手段？（可同时向保证人追偿）

[**背诵金句**] 债权人在破产程序中申报债权后，仍有权提起诉讼，请求担保人承担担保责任。

设问 61： A 公司被受理破产后，主债权停止计息的效力是否及于保证人 B 公司？

[背诵金句] 附利息的债权自破产申请**受理时起停止计息**。"破产止息"规则同样适用于保证人。在附有保证的情况下，主债务因进入破产程序而停止计息的，基于保证责任的**从属性**，其保证债权也应当一并停止计息。

考点26 ▶▶ 破产程序中对债务的清偿（撤销权、抵销权、清偿债务）

一、撤销权

（一）破产受理前1年内，管理人均可撤销的清偿行为

对破产受理前1年内，涉及债务人财产的下列行为，管理人有权请求人民法院予以撤销，管理人行使撤销权对应的财产，属于债务人财产：

1. 债务人无偿转让财产的行为。

2. 债务人以明显不合理的价格进行交易的行为。

3. 债务人对没有财产担保的债务提供财产担保的。

4. 债务人放弃债权的。

（二）破产受理前1年内，对债务的清偿规则

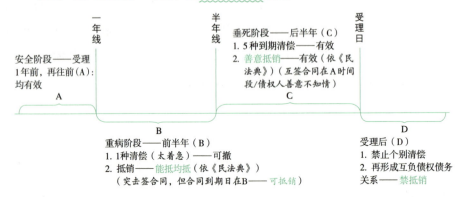

[规则1] 清偿日在上图B时间段（《企业破产法》第31条；《破产法解释（二）》第12条）

1. 清偿已到期的债务→有效清偿。

2. 清偿未到期债务+该债务到期日在破产受理日后→可撤销。

3. 清偿未到期债务+该债务到期日在破产受理日前→有效清偿。

[规则2] 清偿日在上图C时间段（受理破产申请前6个月内）+出现破

产原因（《企业破产法》第 32 条；《破产法解释（二）》第 12、14~16 条）

1. 清偿未到期债务→管理人均可撤销。

2. 清偿已到期的债务，原则上管理人可撤销。但是，个别清偿使债务人财产受益的，该清偿有效。具体包括下列五种情况：

（1）债务人对以自有财产设定担保物权的债权进行的个别清偿，有效；

（2）债务人经诉讼、仲裁、执行程序对债权人进行的个别清偿，有效；

（3）债务人为维系基本生产需要而支付水费、电费等的个别清偿，有效；

（4）债务人支付劳动报酬、人身损害赔偿金的个别清偿，有效；

（5）使债务人财产受益的其他个别清偿，有效。

二、对互负债权债务抵销合法性的判断（《企业破产法》第 40 条；《破产法解释（二）》第 44~46 条）

1. 善意形成互负债权债务关系，即使债权债务未到期，双方互负债务标的物种类、品质不同的，也可以抵销。

2. "善意"是指：

（1）对方因为法律规定或有破产申请 1 年前所发生的原因而负担债务或取得债权的。例如，A 公司欠 B 公司 10 万元货款，B 公司也欠 A 公司 10 万元运费。两个合同均签订于 A 公司被法院受理破产申请 1 年前。

（2）对方不明知债务人企业出现破产原因而负担债务或取得债权的。

3. 债务人股东因欠缴债务人的出资（或抽逃出资）对债务人所负的债务，与债务人对其负有的债务，禁止抵销。（债、股禁止抵销）

4. 互负债权债务的到期日在"半年线之前"（B 时间段）的，均可以抵销。（虽然互负债权债务关系属于"突击+明知"形成，但企业是否必然走向破产程序尚不明确，所以允许双方依据《民法典》债权债务抵销规则抵销）

5. 互负债权债务的到期日在"半年线之后"（C 时间段）的，此时企业处于高风险，破产预期明显，所以，即使符合《民法典》债权债务抵销规则，在破产受理之日起 3 个月内，管理人也可向法院提起诉讼，主张该抵销无效。

三、破产受理后、宣告破产后的清偿规则

1. 法院受理破产申请后（宣告破产前），债务人对个别债权人的债务清偿无效。（《企业破产法》第 16 条）

2. 破产申请受理后，管理人或者自行管理的债务人可以为债务人继续营业而借款。该项债权可优先于普通破产债权清偿，但不得优先于此前已就债务人特定财产享有担保的债权清偿。（《破产法解释（三）》第 2 条第 1 款）

3. 共益债务随时发生，随时清偿。（共益债务，是指法院受理破产申请后，为全体债权人的共同利益而管理、变价和分配破产财产而负担的债务）（《企业破产法》第 42、43 条）

4. 债务人的债务人（即次债务人），在破产申请受理后取得他人对债务人的债权的，禁止抵销。

5. 债务人被宣告破产后，对破产人的特定财产享有担保权的权利人，对该特定财产享有优先受偿的权利。（《企业破产法》第 109 条）

提示：要注意"时间点"。即使是担保物权人，如果在破产受理后主张优先受偿权，则不能得到法院支持；但如果是破产宣告后，则可主张优先受偿。

📝 命题角度分析

设问 62：萱草公司在破产受理前，曾经清偿的某一笔债务是否有效？应当如何处理？

设问 63：萱草公司被法院受理破产，其和债权人 A 的抵销是否有效？

[**分析思路**] 该类案件常见分析思路为：

第一步，画出时间轴，标注出"受理日、半年线、一年线"。

第二步，分情况判断：

（1）前半年（B 时间段），仅"太着急"的提前清偿可撤销，其他清偿均有效；抵销均有效。

（2）后半年（C 时间段），牢记五种清偿有效：①优质债权；②法定清偿；③水电费；④工资；⑤人身损害赔偿金。牢记一种抵销有效：善意形成的互负债权债务可抵销。（"5+1"）

[背诵金句]

1. "股东**出资额**"和"债务人**欠股东之债**",两种权利性质不同,不能抵销。

2. **善意**形成的互负债权债务关系,在破产申请受理后债权人可向管理人主张抵销。

设问 64:萱草公司的抵押权人甲公司主张优先受偿的,能否得到法院支持?

[对应场景] 公司被受理破产,其抵押权人或质押权人、留置权人向管理人主张优先受偿。

[分析思路] 要注意案情中的时间点:①破产受理后主张优先受偿的,不能得到法院支持;②破产宣告后,可主张优先受偿。

[背诵金句]

1. 为保证破产程序中债权人能够得到公平受偿,《企业破产法》规定,法院**受理破产申请后,债务人对个别债权人的债务清偿无效**。

2. 债务人**被宣告破产后**,对**破产人**的特定财产享有担保权的权利人,对该特定财产享有优先受偿的权利。

设问 65:萱草公司被受理破产后,A 公司出借给萱草公司用于重整的款项的性质如何定性?如何清偿?

[背诵金句] 破产申请**受理后**,为债务人继续营业而出现**新的借款**。由于该笔债务将有利于债务人继续经营以避免破产清算的发生,这会产生对现有债权人均有益处的效果,因此,该项新借款的性质为**共益债务**,**可优先于**普通破产债权清偿。

考点 27 ▶▶ 涉及债务人财产的纠纷(追回权、取回权)

一、对出资人未缴出资的追回(管理人的追回权)

1. 法院受理破产申请后,债务人的出资人尚未完全履行出资义务的,管

理人应当要求该出资人缴纳所认缴的出资，而不受出资期限的限制。（《企业破产法》第 35 条）

2. 债务人出现破产原因时，其董事、监事和高级管理人员利用职权获取的绩效奖金、普遍拖欠职工工资情况下获取的工资性收入，属于非正常收入，管理人有权请求其返还所获取的收入，且可以通过起诉方式来予以追回。（《企业破产法》第 36 条；《破产法解释（二）》第 24 条第 1、2 款）

二、对债务人占有的他人财产的处理（权利人的取回权）

1. 法院受理破产申请后，债务人占有的不属于债务人的财产，该财产的权利人可以通过管理人取回。（《企业破产法》第 38 条）

2. 上述占有的他人财产，债务人违法转让给第三人的处理：（《破产法解释（二）》第 30~32 条）

（大前提）根据《破产法解释（二）》第30~32条的规定
- 转让行为发生在破产受理之前的，原权利人因财产损失形成的债权，以及对第三人未善意取得但已支付对价而产生的债务，均作为普通破产债权清偿。
- 转让行为发生在破产受理之后的，导致原权利人损害产生的债务，以及对第三人未善意取得但已支付对价而产生的债务，均作为共益债务清偿。
- 财产毁损、灭失发生在破产申请受理前的，权利人的财产损失作为普通破产债权清偿。
- 财产毁损、灭失发生在破产申请受理后的，权利人的财产损失作为共益债务清偿。

📝 命题角度分析

设问 66： 萱草公司被受理破产后，股东 A 尚未缴纳完的出资应如何处理？

[**背诵金句**] 法院受理破产申请后，出资人尚未完全缴纳的出资加速到期，不受出资期限的限制。

设问 67：萱草公司被受理破产后，对董事、高管的非正常收入，应如何处理？

[对应场景] 2023 年 6 月，萱草公司被法院受理破产。管理人查明，股东 A 应于 2021 年履行完出资义务，但其现尚欠出资款 10 万元；股东 B 的出资期限至 2025 年，尚未到期；财务经理栗子自 2023 年 1 月起，每月从公司领取奖金 4 万元。

[背诵金句]

1. 债务人企业出现破产原因时，其董事、监事和高级管理人员利用职权侵占的企业财产，管理人应当追回。

2. 债务人企业出现破产原因时，其董事、监事和高级管理人员利用职权获取的**绩效奖金**（或在普遍拖欠职工工资情况下获取的工资性收入，或其他非正常收入）属于非正常收入，管理人可主张上述人员予以返还。

设问 68：萱草公司被法院受理破产，A 公司主张从萱草公司取回一批货物。A 公司的主张能否得到法院支持？

[对应场景] 萱草公司占有、保管、租赁他人财产，该财产的权利人要求取回标的物。

[背诵金句]

1. 受理破产申请后，债务人占有不属于债务人的财产的，该财产的权利人可以通过管理人取回。

2. 出卖人可以取回在运途中的标的物。但是，管理人可以支付全部价款，请求出卖人交付标的物。

设问 69：萱草公司在破产受理后（或破产受理前）将保管的 A 公司的一批货物高价出售，A 公司可以采取何种救济手段保护自己的利益？

[对应场景] 结合《民法典》的善意取得制度，案情中出现萱草公司将自己基于保管、租赁等法律关系占有的标的物处分，现在萱草公司被受理破产。此时，要区分该种无权处分（或标的物毁损、灭失）的发生时间，是发

生在破产受理前的无权处分（或标的物毁损、灭失），还是破产受理后的无权处分（或标的物毁损、灭失）。

[背诵金句]

1. 无权处分发生在**破产受理之前**，原权利人因财产损失形成的债权以及第三人已支付对价而产生的债务，均作为**普通破产债权**清偿。

2. 无权处分发生在**破产受理之后**，因管理人导致原权利人损害产生的债务以及第三人已支付对价而产生的债务，均作为**共益债务**清偿。

专题 5 破产法和民事诉讼法结合

考点28 >>> 破产中的特殊程序问题

一、破产受理后与受理前民事诉讼程序的衔接（《企业破产法》第19~21条）

1. 破产申请受理后，有关债务人财产的保全措施（冻结、扣押、查封）应当解除，执行程序应当中止。

2. 破产申请受理后，有关债务人的民事诉讼，只能向受理破产申请的法院提起。

3. 破产申请受理后，已经开始而尚未终结的有关债务人的民事诉讼或者仲裁应当中止；在管理人接管债务人的财产后，该诉讼或者仲裁继续进行。

4. 破产程序和执行程序的衔接（《破产法解释（三）》第1条）

（1）法院裁定受理破产申请的，此前债务人尚未支付的公司强制清算费用、未终结的执行程序中产生的评估费、公告费、保管费等执行费用，可以参照《企业破产法》关于破产费用的规定，由债务人财产随时清偿；

（2）此前债务人尚未支付的案件受理费、执行申请费，可以作为破产债权清偿。

二、可上诉的两个裁定（《企业破产法》第12条）

1. 对不予受理的裁定可上诉

法院裁定不受理破产申请，申请人对裁定不服的，可以向上一级法院提起上诉。

2. 对驳回申请的裁定可上诉

法院受理破产申请后至破产宣告前，经审查发现债务人不符合"破产原因"的，可以裁定驳回申请。申请人对裁定不服的，可以向上一级法院提起上诉。

三、重整程序

在重整期间,对债务人企业的营业加以特殊保护,包括:

1. 经债务人申请,法院批准,债务人可以在管理人的监督下自行管理财产和营业事务。

2. 债务人或者管理人为继续营业而借款的,可以为该借款设定担保。

3. 对债务人的特定财产享有的担保权暂停行使。但是,担保物有损坏或者价值明显减少的可能,足以危害担保权人权利的,担保权人可以向法院请求恢复行使担保权。

4. 债务人合法占有的他人财产,该财产的权利人在重整期间要求取回的,应当符合事先约定的条件。

例如,萱草公司租赁金公司的 10 辆汽车。

情形 1:租赁期为 3 年,重整期间内未到期→金公司不得主张取回汽车;

情形 2:租赁期为 3 个月,重整期间内到期→金公司可以主张取回汽车。

5. 债务人的出资人不得请求投资收益分配。

6. 债务人的董事、监事、高级管理人员不得向第三人转让其持有的债务人的股权。但是,经法院同意的除外。

✎ 命题角度分析

设问 70:甲公司被法院受理破产后,未终结的执行程序(或保全措施等),应当如何处理?

[对应场景] 执行程序中,发现被执行的 A 公司出现"资不抵债+不能清偿"等破产原因。

[背诵金句] 法院受理破产申请后,有关债务人财产的执行程序应当中止,未终结的执行程序中产生的评估费、公告费、保管费等执行费用,列为破产费用,由债务人财产随时清偿。(其他程序衔接,写明对应措施即可)

设问 71：本案债务人能否为继续营业而借款？为该借款在破产受理后设定的担保是否有效？应当如何清偿？

[背诵金句] 为了促使重整能够顺利进行以避免债务人企业陷入破产的境地，《企业破产法》允许在重整期间，债务人为继续营业而借款，并可以为该借款设定担保。因该笔借款成立于债务人被受理破产申请之后，且对既有债权人均有益处，故应当列为共益债务，随时发生，随时清偿。

考点 29 ▶▶ 关联企业破产案件

一、实质合并程序（《破产审判纪要》第 32、35~37 条）

1.（原因）当关联企业成员之间存在法人人格高度混同、区分各关联企业成员财产的成本过高、严重损害债权人公平清偿利益时，可例外适用关联企业实质合并破产方式进行审理。

2.（管辖）采用实质合并方式审理关联企业破产案件的，应由关联企业中的核心控制企业住所地法院管辖。核心控制企业不明确的，由关联企业主要财产所在地法院管辖。

3.（法律后果）采用实质合并方式审理破产案件的，各关联企业成员之间的债权债务归于消灭，各成员的财产作为合并后统一的破产财产，由各成员的债权人在同一程序中按照法定顺序公平受偿。破产程序终结后各关联企业成员均应予以注销，或者各关联企业原则上应当合并为一个企业。

二、协调审理程序（《破产审判纪要》第 38、39 条）

1. 多个关联企业成员均存在破产原因但不符合实质合并条件的，法院可根据相关主体的申请对多个破产程序进行协调审理，并可根据需要，由共同的上级法院确定一家法院集中管辖。

2. 适用协调审理规则，不消灭关联企业成员之间的债权债务关系，不对关联企业成员的财产进行合并，各关联企业成员的债权人仍以该企业成员财产为限依法获得清偿。

📝 命题角度分析

设问 72：关联企业 A、B、C 三个公司均破产，能否实质合并破产？或问：本案采取实质合并审理的，债权债务应当如何处理？

[**对应场景**] 案情中，关联企业成员之间存在法人人格高度混同，区分各关联企业成员财产的成本过高或者会严重损害债权人公平清偿利益。

例如，甲公司经营状况恶化，为了维持发展，甲公司经常从其全资子公司处抽调资金供自己使用，在其全资子公司资金发生紧缺时，就在其名下各个全资子公司之间相互抽取资金使用，致使甲公司与各个全资子公司财务账目混乱不清。甲公司欠乙公司（债权人）的债务到期后无法清偿，乙公司认为甲公司无法偿还债务，于是申请对甲公司及其全部全资子公司进行破产合并重整。

[**背诵金句**]

1. 根据公司法、破产法的相关原理，当关联企业成员之间存在**法人人格高度混同**、区分各关联企业成员财产的成本过高、严重损害债权人公平清偿利益时，可适用**实质合并破产**方式进行审理。

2. 根据"实质合并"方式审理关联企业破产案件的相关规定，法院裁定采用实质合并方式审理破产案件的，各关联企业成员之间的**债权债务归于消灭**，各成员的财产作为**合并后统一的破产财产**，由各成员的债权人在**同一程序**中按照法定顺序公平受偿。

专题 6 公司涉及票据纠纷

考点 30 ▶▶▶ 票据法和民法、民事诉讼程序的结合

一、票据"无因性"原理的适用

1. 票据权利人在行使票据权利时，无须证明给付原因（即民事合同），权利人享有票据权利仅以持有有效票据为必要。

2. 可以民事违约为由行使的票据抗辩（对人抗辩）（《票据法》第 10、13 条）

（1）票据债务人可以对不履行约定义务的与自己有直接债权债务关系的持票人，进行抗辩；（换一种说法，即：票据原因关系只存在于授受票据的直接当事人之间，票据一经转让，票据债务人对通过背书受让该票据的持票人，不可以原因关系违法为由进行抗辩）

（2）票据债务人不得以自己与出票人或者与持票人的前手之间的抗辩事由，对抗持票人。

[例] A 出票给 B，B 不交付货物给 A（B 违约）。

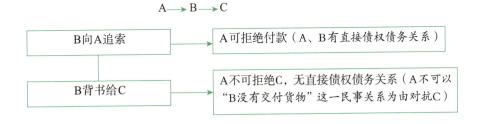

二、票据"质押""附条件记载""保证"行为

1. 汇票质押的设定（《票据法》第 35 条第 2 款；《票据规定》第 54 条）

（1）汇票可以设定质押；质押时应当以背书记载"质押"字样，并在票据上签章。

（2）以汇票设定质押时，出质人在汇票上只记载了"质押"字样未在票据上签章的，或者出质人未在汇票、粘单上记载"质押"字样而另行签订质押合同、质押条款的，不构成票据质押。

2. 汇票质押规则（《票据规定》第33条-公示催告，第50、52条）

（1）出票人在票据上记载"不得转让"字样，其后手以此票据质押的，通过质押取得票据的持票人主张票据权利的，法院不予支持；

（2）背书人在票据上记载"质押"字样，其后手再背书质押的，原背书人对后手的被背书人不承担票据责任，但不影响出票人、承兑人以及原背书人之前手的票据责任；

（3）在公示催告期间，以公示催告的票据质押，因质押而接受该票据的持票人主张票据权利的，法院不予支持，但公示催告期间届满以后法院作出除权判决以前取得该票据的除外。

3. 汇票保证规则（《票据法》第46、48~50条）

（1）保证人必须在汇票上表明"保证"的字样，并有保证人签章。否则，不构成票据保证。

（2）保证不得附有条件。但附有条件的，不影响对汇票的保证责任。

（3）保证人对合法取得汇票的持票人所享有的汇票权利，承担保证责任。并且，保证人应当与被保证人对持票人承担连带责任。

三、保兑仓交易（《九民纪要》第68、69条）

1. 保兑仓交易，其基本的交易流程是：卖方、买方和银行订立保兑仓交易合同，其中买方向银行缴存一定比例的承兑保证金，银行向买方签发以卖方为收款人的银行承兑汇票，买方将银行承兑汇票交付卖方作为货款，银行根据买方缴纳的保证金的一定比例向卖方签发提货单，卖方根据提货单向买方交付对应金额的货物，买方销售货物后，将货款再缴存为保证金。

2. 银行的主要义务是及时签发承兑汇票并按约定方式将其交给卖方；卖方的主要义务是根据银行签发的提货单发货，并在买方未及时销售或者回赎货物时，就保证金与承兑汇票之间的差额部分承担责任。

3. 只要不违反法律、行政法规的效力性强制性规定，当事人之间的约定有效。

4. 保兑仓交易以买卖双方有真实买卖关系为前提。双方无真实买卖关系的，该交易属于名为保兑仓交易实为借款合同，保兑仓交易因构成虚伪意思表示而无效，被隐藏的借款合同是当事人的真实意思表示，如不存在其他合同无效情形，应当认定有效。保兑仓交易认定为借款合同关系的，不影响卖方和银行之间担保关系的效力，卖方仍应当承担担保责任。

📝 命题角度分析

设问 73： 该张票据权利被质押，是否符合法律规定？通过质押取得票据的甲能否主张票据权利？为什么？

[对应场景] 出票人 A 公司记载……该票据后续行为如何处理？背书人 B 公司记载……该票据后续行为如何处理？

[背诵金句]

1. 基于票据的"设权性"特征，**出票**是创设票据权利的主票据行为，故出票记载对后续所有票据行为均具有约束力。所以，出票人记载"不得转让"字样的，该票据后续转让均为无效转让。

2. 出票人在票据上记载"不得转让"字样，意味着在创设票据时出票人已经对该张票据的流通加以限制，只有收款人可享有票据权利。所以，收款人以此票据再进行转让（或质押）的，后手持票人**无权**主张票据权利。

设问 74： 该票据保证是否有效？应当如何承担票据保证责任？

[对应场景] 甲公司在与乙公司交易中获取面额为 100 万元的汇票一张，出票人为乙公司，付款人为丙银行，汇票上有丁、戊两公司的担保签章，并且丁、戊两公司在担保合同中明确，由丁公司担保 80 万元，戊公司担保 20 万元。后丙银行拒绝承兑该汇票，持票人甲公司遂要求丁、戊两公司承担连带责任，但丁、戊两公司要求按照合同分别承担 80 万元和 20 万元的保证责任。该主张能否得到支持？

[背诵金句]

1. 保证人对合法取得汇票的持票人所享有的汇票权利承担保证责任。

2. 本案×××已经在该张票据上表明"保证"的意思表示，并具备保证人签章等形式要件，构成票据保证。

3. 保证附有条件的，虽然因违反《票据法》的规定，该条件视为无记载，但不影响票据保证的效力。

4. 票据保证人的责任是独立责任，不因民事合同效力瑕疵而导致票据保证无效。

5. 票据保证人的责任是连带责任，所以票据保证人不享有一般保证中保证人的催告抗辩权或先诉抗辩权。

专题 7 公司涉及其他部门法纠纷

考点 31 >>> 公司涉及证券交易的纠纷

一、证券交易的禁止规则

1. 对大股东等主体交易的限制（《证券法》第 44 条）

（1）持有上市公司 5%以上股份的股东、董事、监事、高级管理人员，在买入后 6 个月内卖出，或者在卖出后 6 个月内又买入，由此所得收益归该公司所有。

（2）董事会应当收回上述所得收益。董事会不执行的，负有责任的董事依法承担连带责任。

（3）董事会不执行的，股东有权要求董事会在 30 日内执行。董事会未在上述期限内执行的，股东有权为了公司的利益以自己的名义直接向法院提起诉讼。

2. 对交易行为的限制（《证券法》第 50~56 条）

（1）内幕信息的知情人和非法获取内幕信息的人，在内幕信息公开前，不得买卖该公司的证券，或者泄露该信息，或者建议他人买卖该证券。利用内幕信息从事证券交易活动，给投资者造成损失的，应当依法承担赔偿责任。

（2）禁止任何人操纵证券市场。

（3）其他。（略）

二、虚假信息披露的法律责任（《证券法》第 85、163 条）

信息披露义务人未按照规定披露信息，或者信息披露资料存在虚假记载、误导性陈述或者重大遗漏，致使投资者在证券交易中遭受损失的，下列主体要对投资者承担赔偿责任：

1. 信息披露义务人应当承担赔偿责任。

2. 发行人的控股股东、实际控制人、董事、监事、高级管理人员和其他直接责任人员，应当与发行人承担连带赔偿责任，但是能够证明自己没有过错的除外。

3. 发行人的保荐人、承销的证券公司及其直接责任人员，应当与发行人承担连带赔偿责任，但是能够证明自己没有过错的除外。

4. 证券服务机构所制作、出具的文件有虚假记载、误导性陈述或者重大遗漏，给他人造成损失的，应当与委托人承担连带赔偿责任，但是能够证明自己没有过错的除外。

提示：仅证券服务机构承担法律责任，不包含直接责任人员。

三、投资者因证券欺诈受到损失的救济途径（《证券法》第93~95条）

1. 投资者与发行人、证券公司等发生纠纷的，双方可以向投资者保护机构申请调解。投资者保护机构可以受委托，就赔偿事宜与受到损失的投资者达成协议，予以先行赔付。

2. 投资者保护机构对损害投资者利益的行为，可以依法支持投资者向法院提起诉讼。

3. 投资者保护机构受50名以上投资者委托，可以作为代表人参加诉讼。

4. 投资者采用"默示进入，明示退出"机制（即经证券登记结算机构确认的权利人，该诉讼结果对其有效，只有投资者明确表示不愿意参加该诉讼的除外）。

✒ 命题角度分析

设问75：A公司在招股说明书中提供虚假营业收入和营业利润，给投资者造成重大损失，B会计师事务所、C律师事务所……是否承担赔偿责任？应当如何承担赔偿责任？

[背诵金句]（虚假陈述）证券服务机构应当勤勉尽责，对所依据的文件资料内容的真实性、准确性、完整性进行核查和验证。本案中，B会计师事务所、C律师事务所……制作、出具的文件有虚假记载，给投资者造成重大损失，具有严重过错，应当和发行人A公司承担连带赔偿责任。

设问76：投资者保护机构若提起特别代表诉讼，要满足哪些要求？对于没有明确表示是否参加该诉讼的投资者，诉讼结果是否对其具有法律效力？

[背诵金句]

1.（特别代表诉讼）投资者保护机构至少要征求到 50 名符合条件的投资者的委托，才可以作为代表人参加诉讼。

2.（特别代表诉讼）《证券法》规定了证券欺诈中的特别代表诉讼程序，投资者采用"默示进入，明示退出"机制，只要投资者没有明确表示不愿意参加该诉讼，该诉讼结果就对符合条件的投资者有效。

考点 32 ▶▶▶ 公司涉及财产保险的纠纷

一、保险标的危险变化的处理（危险增加或降低）（《保险法》第 49、52、53、55~57、64 条）

1. 保险标的的危险程度显著增加

（1）被保险人应当及时通知保险人，保险人可以按照合同约定增加保险费或者解除合同；

（2）保险人解除合同的，应当将已收取的保险费，按照合同约定扣除应收的部分后，退还投保人；

（3）被保险人未履行通知义务的，因保险标的的危险程度显著增加而发生的保险事故，保险人不承担赔偿保险金的责任。

2. 保险标的的危险程度明显减少

除合同另有约定外，保险人应当降低保险费，并按日计算退还相应的保险费。

二、第三者造成的财产保险事故的处理（《保险法》第 60~62 条；《保险法解释（四）》第 7~11 条）

1. 因第三者对保险标的的损害而造成保险事故的，保险人自向被保险人赔偿保险金之日起，在赔偿金额范围内代位行使被保险人对第三者请求赔偿的权利。

2. 代位求偿权的诉讼规则

（1）保险人自向被保险人赔偿保险金之日起，在赔偿金额范围内代位行使被保险人对第三者请求赔偿的权利；

（2）保险人代位求偿权的诉讼时效期间应自其取得代位求偿权之日起计算；

（3）保险人提起代位求偿权之诉的，以被保险人与第三者之间的法律关系确定管辖法院。

📝 命题角度分析

设问77：就甲公司投保的该批货物损失，保险公司是否要承担赔偿保险金的责任？

[对应场景] 甲公司投保后，改变该批货物的用途，或该批货物所处环境发生变化，导致该批货物的危险程度显著增加。

例如，A 公司（发货方、卖方）与他人签订了一份药材购销合同，并为该批药材投保，B 保险公司出具的保险单上表明货物装载工具是飞机，从广州港口起飞，空运目的地是 C 国某港口，没有约定可以陆空联运。现 A 公司改由广州港口汽车运至香港，再由香港空运至 C 国，但未通知 B 保险公司。现该批药材在广州运至香港的汽车上被盗。（就该批药材的损失，因为危险程度显著增加且未通知 B 保险公司，所以 B 保险公司不承担赔偿保险金的责任）

[背诵金句] 根据《保险法》的规定，保险标的的危险程度显著增加且未通知保险人的，保险人不承担赔偿保险金的责任。本案中，A 公司_____（具体行为），符合"保险标的所处环境变化、使用人或者管理人改变"等"危险程度显著增加"的情形。

设问78：保险公司提出的代位求偿权之诉，可以由哪个法院管辖？

[对应场景] 陈某为自有汽车向华泰保险公司投保机动车辆保险。在保险期间内，该车与李某驾驶的车辆发生交通事故，李某负事故全责。事故发生地

为北京市朝阳区，被保险车辆所有人陈某的住所地为北京市东城区，侵权人李某的住所地为河北省张家口市 A 区。现华泰保险公司在向陈某赔偿保险金 1 万元后，向李某提出代位求偿权之诉。［该案可以由北京市朝阳区（侵权行为地）法院或者河北省张家口市 A 区（被告住所地）法院管辖］

［**背诵金句**］保险人以造成保险事故的第三者为被告提起代位求偿权之诉的，以被保险人与第三者之间的法律关系确定管辖法院。

设问 79：保险公司向萱草公司支付赔偿金后，可以向谁主张代位求偿权？

［**对应场景**］在萱草公司保险标的受损案中，既有违约方甲，又有侵权方乙。（保险公司有选择权，可向甲或者乙主张）

例如，A 公司准备整体搬迁，和甲公司签订了厂房整体搬迁和安装合同，并约定"承包人（甲公司）不得将本工程进行分包"。A 公司就此搬迁向 B 保险公司投保"安装工程一切险"。现有一台设备需要运输，甲公司委托当地乙运输公司承运。在乙运输公司运输时，设备滑落，造成货损 100 万元。B 保险公司向 A 公司赔偿后，向甲公司主张代位求偿，但甲公司以乙运输公司为实际侵权人为由进行抗辩。（本案中，B 保险公司的诉讼请求能够得到法院支持，其有权向甲公司主张代位求偿权）

［**背诵金句**］发生第三者造成损害的财产保险事故的，保险人有权主张代位行使被保险人因第三者侵权或者违约所享有的请求赔偿的权利。本案中，虽然乙运输公司是造成事故的侵权方，但甲公司是违约方，所以，B 保险公司有权选择向甲公司或者乙运输公司主张赔偿责任。

考点 33 ▶▶ **公司和合伙企业相关的纠纷**

《合伙企业法》尚未单独在主观题中考查过，备考重点仍是《合伙企业法》和其他部门法可能结合的部分。例如，可和《民法典》结合考查合同效力，可和《企业破产法》结合考查有限合伙企业担任破产管理人享有哪些职权，可和《公司法》结合考查公司投资合伙企业的特殊要求（如有限合伙人不可以劳务出资）等。

一、合伙人

（一）合伙人的要求（《合伙企业法》第14~16条–出资方式、第61~64条）

1. 无民事行为能力人和限制民事行为能力人不得成为普通合伙人。

2. 国有独资公司、国有企业、上市公司以及公益性的事业单位、社会团体不得成为普通合伙人。（但可成为有限合伙人）

3. 出资方式：普通合伙人可以用货币、实物、知识产权、土地使用权或者其他财产权利出资，也可以用劳务出资。但是，有限合伙人不得以劳务出资。

（二）合伙人的变更（入伙、退伙）

1. 普通合伙人（《合伙企业法》第43、44、53条）

（1）新合伙人入伙，除合伙协议另有约定外，应当经全体合伙人一致同意，并依法订立书面入伙协议；

（2）入伙时，原合伙人应当向新合伙人如实告知原合伙企业的经营状况和财务状况；

（3）新合伙人对入伙前合伙企业的债务承担无限连带责任；

（4）退伙时，普通合伙人对基于其退伙前的原因发生的合伙企业债务，承担无限连带责任。

2. 有限合伙人（《合伙企业法》第77、81条）

（1）入伙时，新入伙的有限合伙人对入伙前有限合伙企业的债务，以其认缴的出资额为限承担责任；（其余与普通合伙人相同）

（2）退伙时，有限合伙人对基于其退伙前的原因发生的有限合伙企业债务，以其退伙时从有限合伙企业中取回的财产承担责任。（其余与普通合伙人相同）

二、合伙企业

（一）普通合伙企业（《合伙企业法》第27~29、31、37条）

1. 除合伙协议另有约定外，合伙企业的下列事项应当经全体合伙人一致同意：

（1）改变合伙企业的名称；

（2）改变合伙企业的经营范围、主要经营场所的地点；

（3）处分合伙企业的不动产；

（4）转让或者处分合伙企业的知识产权和其他财产权利；

（5）以合伙企业名义为他人提供担保；

（6）聘任合伙人以外的人担任合伙企业的经营管理人员。

2. 合伙企业对合伙人执行合伙事务以及对外代表合伙企业权利的限制，不得对抗善意第三人。

3. 事务执行人对外代表合伙企业

（1）确定了事务执行人的，其他合伙人不再执行合伙事务；

（2）非事务执行人以企业名义签订的合同有效；

（3）非事务执行人有权监督执行事务合伙人执行合伙事务的情况。

（二）有限合伙企业（《合伙企业法》第68条第1款、第76条）

1. 有限合伙人不执行合伙事务，不得对外代表有限合伙企业。（由普通合伙人执行合伙事务）

2. 第三人有理由相信有限合伙人为普通合伙人并与其交易的，该有限合伙人对该笔交易承担与普通合伙人同样的责任。（表见普通合伙）

3. 有限合伙人未经授权以有限合伙企业名义与他人进行交易，给有限合伙企业或者其他合伙人造成损失的，该有限合伙人应当承担赔偿责任。

（三）合伙企业的债务清偿（普通合伙人：《合伙企业法》第39、53、91、92条；有限合伙人：《合伙企业法》第83、84条）

1. 合伙企业注销/被宣告破产后，原普通合伙人对合伙企业存续期间的债务仍应承担无限连带责任。

2. 合伙企业不能清偿到期债务的，普通合伙人承担无限连带责任。

3. 普通合伙人退伙时，对基于其退伙前的原因发生的合伙企业债务，仍应与其他合伙人一起承担无限连带责任。

4. 有限合伙人转变为普通合伙人的，对其作为有限合伙人期间有限合伙企业发生的债务承担无限连带责任。普通合伙人转变为有限合伙人的，对其作为普通合伙人期间合伙企业发生的债务承担无限连带责任。

✎ **命题角度分析**

设问 80：若撤销入伙协议，新合伙人是否对入伙前甲企业的债务承担责任？

[**对应场景**] 新合伙人入伙，成为普通合伙人时，原合伙人未如实告知企业的经营状况和财务状况。现该入伙协议因欺诈被撤销。

[**背诵金句**] 合伙人××因受到欺诈，其有权依据《民法典》第 148 条的规定主张撤销入伙协议，有过错的一方应当赔偿××由此所受到的损失。但是，这是合伙人内部关系，当对外办理了合伙人变更登记时，已经对债权人产生了"公示公信"的效力，所以，××仍需要对入伙前合伙企业的债务承担无限连带责任。

设问 81：如何通过合伙企业构建 A 公司持股平台？

[**对应场景**] 创业者有时从税收优惠、企业控制权的角度出发，会考虑设计以持股平台的形式作为公司股东之一。常见的持股平台形式包括工会、公司，也可采用有限合伙企业形式搭建持股平台。

[**背诵金句**] 构建有限合伙企业类型的持股平台，需要符合**设立**有限合伙企业的规则，包括有限合伙企业至少应当有一个普通合伙人、有限合伙人不得以劳务出资等设立条件。

设问 82：合伙人以 A 合伙企业名义与甲签订的合同是否有效？为什么？

[**对应场景**] 案情中要考虑该合伙人的身份是"普通合伙人"还是"有限合伙人"？是否符合"表见普通合伙"的情况？合伙协议是否对合同金额、签约人等有限制？合同相对方甲是否为善意第三人？

[**分析思路**] 合同效力的判断依据《民法典》。

[**背诵金句**]

1. 合伙企业对合伙人执行合伙事务以及对外代表合伙企业行使权利的限制，**不得对抗善意第三人**。

2. 有限合伙人**不执行合伙事务**，**不得对外代表**有限合伙企业。有限合伙企业由普通合伙人执行合伙事务。

3. 第三人有理由相信有限合伙人为普通合伙人并与其交易的，该有限合伙人对该笔交易承担与普通合伙人同样的责任。(《合伙企业法》第 76 条第 1 款–表见普通合伙)

设问 83：A 企业（有限合伙企业）欲参与 B 公司的破产重整，成为 B 公司的重整方。就该事项，A 企业应当如何决议？

[对应场景] B 公司破产重整，重整方是 A 产业基金（有限合伙企业）。现 A 产业基金的有限合伙人张某提出反对意见，认为 A 产业基金没有征求自己的意见，自己对是否参与重整事项不知情。

提示：考查合伙企业的事务执行规则。

[背诵金句]

1. **有限合伙人**不执行合伙事务，不得对外代表有限合伙企业，就是否参与重整事项无表决权。(《合伙企业法》第 68 条第 1 款) 所以，对是否参与 B 公司的重整事项，应当由 A 产业基金的普通合伙人决议。

2. **普通合伙人**对该事项作出决议，按照合伙协议约定的表决办法办理。合伙协议未约定或者约定不明确的，实行合伙人一人一票并经全体合伙人过半数通过的表决办法。(《合伙企业法》第 30 条第 1 款)

考点 34 　公司涉及市场规制纠纷（垄断、不正当竞争行为）

一、垄断行为

✐ 命题角度分析

设问 84：某市场行为是否构成垄断行为？构成何种垄断行为？可以对其作出哪些处罚？

[对应场景] 案情中出现"排除竞争""限制竞争"，如联合涨价、限制竞争、差别待遇等行为。

[背诵金句]

1. 本案中，A、B、C 企业之间具有竞争关系，其所达成的固定价格的协议（或者分割市场、联合抵制交易的协议），排除和限制了市场公平竞争，损害了市场经济健康发展，构成**横向**垄断协议。

2. 本案_____（具体行为，如白酒生产商要求经销商不得低于固定价格销售），因为经营者与**交易相对人**达成的**固定**向第三人转售商品的价格（或者限定向第三人转售商品的**最低**价格），排除和限制了竞争，构成**纵向**垄断协议。

3. 本案中，经营者 A **组织**其他经营者 B、C、D 达成垄断协议（或者经营者 A 为其他经营者达成垄断协议提供实质性帮助），损害了市场公平竞争和市场经济健康发展，构成垄断。（**轴辐协议**）

4. 本案的性质为经营者为**公共利益**达成的合意或者一致行动，**不构成**垄断。

5. 本案中，A 企业在相关市场具有**市场支配地位**，其采用算法等手段**限定交易**相对人只能与其进行交易（或者只能与其指定的经营者进行交易）的，损害了市场公平竞争和市场经济健康发展，构成**滥用**市场支配地位。（《**反垄断法**》第 22 条）

6. 本案中，具有**市场支配地位**的 A 企业对条件相同的交易相对人在交易价格等交易条件上实行**差别待遇**，构成**滥用**市场支配地位。（《**反垄断法**》第 22 条）

7. 对垄断行为的处理

（1）经营者实施垄断行为，由**反垄断执法机构**追究其行政责任，包括责令停止违法行为，没收违法所得，处以罚款等。

（2）经营者实施垄断行为，给他人造成损失的，依法承担**民事责任**。可以将原告因调查、制止垄断行为所支付的**合理开支**计入损失赔偿范围。

（3）经营者实施垄断行为，损害社会公共利益的，**设区的市级以上检察院**可以提起民事公益诉讼。

（4）经营者实施垄断行为，构成犯罪的，依法追究**刑事责任**。

二、不正当竞争行为

✐ 命题角度分析

> 设问 85：判断某市场行为是否构成不正当竞争，以及构成何种不正当竞争行为。

[**对应场景**] 案情中出现混淆、虚假宣传、诋毁商誉、运用技术手段破坏其他经营者合法提供的网络产品或者服务。

[**背诵金句**]

1. 本案中，经营者 A 在生产经营活动中，_____（具体行为），扰乱市场竞争秩序并损害其他经营者或者消费者的合法权益的，损害公平竞争，构成**不正当竞争行为**。（《反不正当竞争法》第 2 条）

2. 本案中，经营者 A 从事_____（具体行为），**足以引人误认为**是他人商品或者与他人**存在特定联系**，损害公平竞争，构成混淆。（《反不正当竞争法》第 6、18 条；《反不正当竞争法解释》第 4~15 条）

3. 本案中，经营者 A 对其商品的**性能、销售状况、用户评价**等作虚假或者引人误解的商业宣传（或者通过**组织虚假交易**等方式，帮助其他经营者进行虚假或者引人误解的商业宣传）的，损害公平竞争，构成不正当竞争行为。（《反不正当竞争法》第 8 条；《反不正当竞争法解释》第 16~18 条）

4. 本案中，经营者 A 利用技术手段影响用户选择，妨碍、破坏其他经营者合法提供的网络产品或者服务正常运行，损害公平竞争，构成不正当竞争行为。（《反不正当竞争法》第 12 条第 2 款；《反不正当竞争法解释》第 21、22 条）

考点35　公司（用人单位）和劳动者之间的纠纷

一、劳动合同的订立、合同解除纠纷

📝 命题角度分析

设问 86：用人单位解除与 A 的劳动合同是否符合法律规定？

[**对应场景**] 要考虑解除劳动合同的理由是否合法，解除劳动合同的程序是否合法，以及用人单位是否要支付解约补偿金。

[**背诵金句**]

1. 为保护特定劳动者群体的利益，若**劳动者在医疗期内**（或劳动者工伤，**女职工在孕期、产期、哺乳期**等），且该劳动者未出现严重违规、违法等过错性解除情形时，用人单位**不得单方解除劳动合同**。（《劳动合同法》第 42 条）

2. 用人单位依法**解除或终止**劳动合同时，需要支付给劳动者**经济补偿金**。

3. 劳动者 A_____（具体行为）**严重违反**用人单位的规章制度（或者劳动者**严重失职**，营私舞弊），并给用人单位造成重大损害的，用人单位可以解除劳动合同并且**无需支付**经济补偿金。

4. 劳动者 A **不能胜任**工作，经过培训或者调整工作岗位仍不能胜任工作的，用人单位可以解除劳动合同并且**应当支付**经济补偿金。

二、劳动争议的处理

✎ 命题角度分析

设问 87：发生劳动争议后，劳动者可以采取哪些救济手段？

[对应场景] 案情中常出现用人单位拖欠劳动报酬、违法解除劳动关系等劳动争议。

[背诵金句]

1. 举证责任

（1）**劳动者**主张加班费的，应当就**加班事实**的存在承担举证责任；

（2）因用人单位作出的开除、除名、辞退、解除劳动合同、**减少劳动报酬**、计算劳动者工作年限等决定而发生的劳动争议，**用人单位**负举证责任。

2. 仲裁时效

（1）自劳动争议发生之日起**1 年内**向劳动争议仲裁委员会提出书面申请；

（2）劳动关系**存续期间**因拖欠劳动报酬发生争议的，劳动者申请仲裁**不受**1 年仲裁时效期间的限制。

3. 管辖

（1）劳动争议由**劳动合同履行地**或者**用人单位所在地**的劳动争议仲裁委员会管辖；

（2）双方当事人**分别**向劳动合同履行地和用人单位所在地的劳动争议仲裁委员会申请仲裁的，由**劳动合同履行地**的劳动争议仲裁委员会管辖。

4. 争议处理方式

（1）用人单位拖欠或者未足额支付劳动报酬的，劳动者可以依法向当地法院申请支付令。

（2）追索劳动报酬且**不超过当地月最低工资标准 12 个月金额**，按照终局裁决处理。**劳动者**对上述终局裁决不服的，可以向法院提起诉讼。

（3）**用人单位**有证据证明上述终局仲裁裁决"确有错误"的，可以向劳动争议仲裁委员会所在地的中级法院**申请撤销裁决**。

（4）**不经过劳动争议仲裁**，法院**不直接受理**劳动争议纠纷。

（5）劳动者以用人单位的**工资欠条**为证据且不涉及劳动关系其他争议的，视为拖欠劳动报酬争议，按照**普通民事纠纷**受理。

（6）当事人在法定调解组织主持下**仅就劳动报酬争议**达成调解协议，用人单位不履行调解协议确定的给付义务的，劳动者可以按照普通民事纠纷直接提起诉讼。

考点 36 >>> 公司涉及专利的纠纷

📝 命题角度分析

设问 88：如何确定本案专利的专利权人？

[对应场景] 案情中出现委托发明、职务发明等特殊情形。

例如，甲公司指派员工 A 从事新型灯具的研制开发，A 在休年假期间完成了该新型灯具的开发。(即使是在休假期间完成的发明创造，仍属于职务发明，甲公司是专利权人)

[背诵金句]

1. A_____（具体行为，如在休假期间研发新型键盘），是执行本单位的任务（或者主要是利用本单位的物质技术条件）所完成的发明创造，因属于职务发明创造，故**该单位为专利权人**。(《专利法》第 6 条)

2. 本案属于合作完成的发明创造（或者委托完成的发明创造），除另有协议的以外，申请专利的权利属于完成或者共同完成的单位或者个人；申请被批准后，申请的单位或者个人为专利权人。(《专利法》第 8 条)

设问 89：萱草公司与 A 公司签订专利实施许可合同后，该专利权被宣告无效（或被采取财产保全措施）的，会发生何种法律后果？

[背诵金句]

1. 宣告专利权无效的决定，对在宣告专利权无效前**已经履行**的专利实施许可合同和专利权转让合同，**不具有**追溯力。但是因专利权人的恶意给他人造成的损失，应当给予赔偿。(《专利法》第47条第2款)

2. 法院对出质的专利权可以采取财产保全措施，质权人的优先受偿权**不受保**全措施的影响；专利权人与被许可人已经签订的独占实施许可合同，**不影响**法院对该专利权进行财产保全。(《最高人民法院关于审理专利纠纷案件适用法律问题的若干规定》第9条第3款)

设问 90：该行为是否构成侵犯专利权？

[对应场景] 案情中出现为生产经营目的，未经专利权人许可制造、使用、销售他人专利产品，或者未经许可"使用他人专利方法"。(均构成侵权)

提示：主观题考试中主要掌握"侵犯发明专利"，可忽略侵犯外观设计、实用新型专利。

[背诵金句]

1. 发明和实用新型专利权被授予后，除《专利法》另有规定的以外，任何单位或者个人未经专利权人许可，不得为生产经营目的**制造、使用、许诺销售、销售、进口**其专利产品，或者使用其专利方法以及使用、许诺销售、销售、进口依照该专利方法直接获得的产品。(《专利法》第11条第1款)

2. 专利侵权纠纷涉及**新产品制造方法**的发明专利的，**制造**同样产品的单位或者个人应当提供其产品制造方法不同于专利方法的证明。

3. 不构成侵犯专利权的行为。(略)(《专利法》第67、75条)

设问 91：专利许可合同的被许可人是否可以单独提起专利侵权诉讼？

[对应场景] 和民事诉讼法相结合，案情中出现独占许可合同，或排他许可合同，或普通许可合同，在涉及专利被侵权时，上述被许可人能否单独起诉？

[背诵金句]

1. 本案 A 为**独占许可**的被许可人，可以**单独起诉**侵犯知识产权的行为。

2. 本案 A 为**排他许可**的被许可人，在知识产权权利人不起诉的情况下，可以代位起诉，也可以共同起诉。

3. 本案 A 为普通许可的被许可人，因和权利人在许可合同中明确约定被许可人可以单独起诉（或者经权利人书面授权单独提起诉讼），故法院应当受理。

> **设问 92**：被告在答辩期间内请求宣告该项专利权无效的，法院应当如何处理？

[**对应场景**] 专利侵权诉讼中，被控侵权人以"专利无效"为由进行抗辩。

例如，A 是一项发明的专利权人。A（原告）向甲法院起诉 B 公司（被告）侵犯专利权。B 公司提出答辩意见，认为 A 的发明专利无效，所以 B 公司不构成侵权。但 A 的发明专利是否有效，并非由甲法院审理，B 公司必须向专利复审机构提出。

[**背诵金句**] 侵犯发明专利权纠纷案件，被告在答辩期间内请求宣告该项专利权无效的，法院可以不中止诉讼。（被告在答辩期间届满后请求宣告该项专利权无效的，法院不应当中止诉讼，但经审查认为有必要中止诉讼的除外）

第二部分 面 批 面 改

案例 1 萱草公司担保纠纷系列案

案情：萱草公司成立于 2015 年 3 月 11 日，由三叶公司、华轩普通合伙企业、张一、王二、陈某、胡某共同出资设立。董事会共五人，张一任萱草公司董事长和法定代表人。公司章程第 80 条规定："股东会有权以公司资产为本公司的股东或者其他个人债务提供担保。"

在萱草公司设立阶段，王二的 20 万元出资款已经打入萱草公司在银行开设的临时账户中。王二因另案个人负债，其债权人申请法院查封该笔款项。2015 年 1 月 15 日，法院从萱草公司临时账户划扣 20 万元至债权人名下。萱草公司提出执行异议，主张该笔资金自王二打入萱草公司临时账户时起已经是萱草公司独立的法人财产，不应由公司财产清偿股东个人债务。

萱草公司成立后，某日，张一接到好友周某的电话，得知周某的公司与 A 银行签订《人民币短期借款合同》，借款金额为 210 万元，但 A 银行要求提供担保。于是周某请张一想办法，张一碍于朋友情面答应，但因股东会召集程序繁琐，来不及，张一遂以董事会名义作出一份担保方案，同意萱草公司作为承担连带责任的还款保证人。张一在担保协议上签名并加盖萱草公司公章。现因周某的公司不能偿还借款，A 银行请求萱草公司承担连带责任。

2016 年，三叶公司向 B 银行贷款 400 万元。三叶公司要求萱草公司为该笔借款提供担保，但是担心其他股东反对，于是张一伪造其他股东签名，提交给 B 银行一份全体股东一致同意为三叶公司提供担保的决议，B 银行据此和萱草公司签订了担保合同。后贷款到期，三叶公司无法清偿，B 银行遂起诉请求萱草公司对该笔贷款承担连带清偿责任。萱草公司答辩称股东会完全不知晓该笔担保业务事宜，不认可该担保合同的效力。

萱草公司的股东之一华轩普通合伙企业共有赵某、钱某等 5 名普通合伙人，赵某是合伙事务执行人。2016 年 10 月，未经其他合伙人同意，赵某以合伙企业名义为萱草公司和华胜公司合作经营项目提供担保。但萱草公司到期无力支付款项，华胜公司要求华轩普通合伙企业承担担保责任。

2020 年，萱草公司投资设立甲公司和丙公司，其中，甲公司为萱草公司的全资子公司、丙公司为萱草公司的参股子公司。为了开展业务，甲公司购买了三江公司的一处价值 500 万元的厂房，丙公司购买了三江公司的一栋价值 1000 万元的写字楼作为办公场所，三江公司要求二者提供担保。甲、丙公司于是找到萱草公司，萱草公司未经股东会决议直接和三江公司签订了为甲、丙公司支付价款承担连带责任的担保合同，担保合同均有萱草公司公章以及张一的签章。

2021 年，陈某和胡某协商，陈某将其持有萱草公司的全部股权转让给胡某，三方签订《股权转让协议》，约定陈某将其持有的萱草公司股权以 96 万元的价格转让给胡某。《股权转让协议》第 2 条还约定，在胡某不能支付股权转让款的情形下，萱草公司对胡某的转让款包括本息在内承担连带责任。萱草公司召开股东会通过了该次担保决议。

问题：（共 28 分）

1. 2015 年 1 月，萱草公司主张的执行异议能否得到支持？（4 分）

2. 周某的公司不能偿还借款，萱草公司是否要对 A 银行承担清偿责任？如何清偿？（4 分）

3. 萱草公司为三叶公司与 B 银行提供担保的决议效力如何？萱草公司是否要承担清偿责任？（5 分）

4. 华轩普通合伙企业是否要为萱草公司的合作经营项目承担担保责任？（4 分）

5. 萱草公司是否需要对甲、丙公司的租金支付承担连带担保责任？（6分）

6. 萱草公司为陈某和胡某之间的股权转让承担担保责任，该担保是否有效？（5分）

答案

1. 不能。（1分）公司营业执照签发日期为公司成立日期，设立中公司不具备法人主体资格，其性质为发起人之间的合伙，发起人的出资款在公司成立时才成为公司法人财产。（1分）本案萱草公司处于设立阶段，出资人的个人债务应适用合伙人个人债务清偿的规则，即债权人有权请求法院强制执行该合伙人的财产份额用于清偿。（1分）在王二和萱草公司的法律关系中，因被法院强制执行，王二的出资款不能到位，王二应承担未全面履行出资的法律责任。（1分）

2. 要承担担保责任。（1分）公司为他人提供担保的，依照公司章程的规定由董事会或者股东会决议。（1分）本案萱草公司虽然构成越权担保，但因属非关联担保，且A银行已经对担保决议进行了合理审查（1分），故该越权担保不能对抗善意第三人，担保合同有效，萱草公司应当承担担保责任（1分）。

3. 担保决议是未成立的决议。公司伪造其他股东签名且未召开会议而作出的股东会决议，属于决议重大瑕疵，当事人有权主张决议不成立。（1分）该担保合同对萱草公司不发生效力。（1分）根据《公司法》第15条第2、3款的规定，公司为公司股东提供担保的，应当经股东会决议，并且被担保的股东不得参加该事项的表决。（1分）本题B银行在审查股东会决议时，未审查"是否排除被担保股东"，难以认定 B 银行已经进行了合理审查，故该担保合同对萱草公司不发生效力。（1分）因为债权人与担保人均有过错，故萱草公司承担的赔偿责任不应超过债务人不能清偿部分的 1/2。（1分）

4. 需要承担担保责任。（1分）根据《合伙企业法》第31条的规定，以合伙企业名义为他人提供担保的，应当经全体合伙人一致同意。（1分）本案赵某擅自处理担保事务给合伙企业或者其他合伙人造成损失，应当承担赔偿责任。（1分）但赵某是合伙人，他以合伙企业名义所为的担保行为只要没有违反《民法典》的相关规定，该担保合同就有效，合伙企业就应当承担担保责任。（1分）

5. 应当对甲公司的租金债务承担保证责任（1分），但无需对丙公司的租金债务承担保证责任（1分）。

（1）本案甲公司是萱草公司的全资子公司（1分），根据《担保制度解释》第8条第1款第2项的规定，即使萱草公司未就该担保事项作出相关决议，也不影响该担保合同的效力，萱草公司需对甲公司的租金债务承担连带担保责任（1分）。

（2）本案丙公司是萱草公司的参股子公司，萱草公司为其担保属于"为他人债务提供担保"，该种担保若无公司决议，则构成越权担保，仅当债权人尽到合理审查义务时，担保合同才有效。（1分）因本题萱草公司未能提供任何决议，所以债权人三江公司不能证明自己善意，萱草公司无需对丙公司的租金债务承担担保责任。（1分）

6. 观点1：萱草公司担保无效。（不建议采用）

在受让方不能支付股权转让款的情形下，公司应向转让股东支付转让款的约定会产生股东以股权转让的方式从公司抽回出资的后果。该《股权转让协议》关于公司承担担保责任的内容，因不符合《公司法》的有关规定，应认定无效，萱草公司不应承担担保责任。

观点2：萱草公司担保有效。（2分）（建议采用）

股东之间发生股权转让并约定所属公司承担连带责任，该事项系经过公司股东会决议，是公司意思自治的体现，并未出现损害其他股东利益的情形，该约定因不违反法律强制性规定而有效。（3分）

案例 2　萱草公司涉专利、保险、证券欺诈系列纠纷案

案情： 2016 年，萱草股份有限公司（以下简称"萱草公司"）在上交所上市交易，股票名称"萱草电器"，股本总额为 25 亿股，法定代表人为刘朋，监事会主席为魏新，董事会共有 6 名董事，分别是刘朋、高云、高甲、罗一、大栗、小栗。

萱草公司研发一项节水型洗衣机的技术，并于 2016 年 6 月申请发明专利权，专利局于 2017 年 12 月公布其申请文件，并于 2018 年 12 月授予发明专利权。一叶公司于 2016 年 5 月开始销售该种洗衣机。另查明，本领域技术人员通过拆解分析该洗衣机，即可了解其节水的全部技术特征。2019 年 1 月，萱草公司起诉一叶公司侵犯其发明专利权。现查明，一叶公司仅在原有制造能力范围内继续制造，并未扩大生产销售规模。

随着公司经营规模扩大，2018 年，萱草公司准备整体搬迁到新厂区。为了保证各项设备安全运输，萱草公司和当地最大的运输企业甲运输集团签订厂房整体搬迁和安装合同，并约定"承包人（甲运输集团）不得将本工程进行分包"。萱草公司就此搬迁向平安保险公司投保"安装工程一切险"。某日，甲运输集团委托当地乙运输公司承运一台设备，结果在乙运输公司运输时，设备滑落，造成货损 100 万元。平安保险公司向萱草公司支付赔偿金后向甲运输集团追偿，但甲运输集团以自己并非实际侵权人为由抗辩。

萱草公司共有员工两千多人，为了提高生产效率，公司制定了严格的绩效考核制度。公司的《员工绩效管理办法》规定：员工半年、年度绩效考核分别为 S、A、C1、C2 四个等级，分别代表优秀、良好、价值观不符、业绩待改进；S、A、C（C1、C2）等级的比例分别为 20%、70%、10%；公司有权决定淘汰绩效考核中居于末等（C2）的劳动者。2018 年 7 月，王鹏进入萱草公司工作，劳动合同约定王鹏从事销售工作，连续 2 年王鹏的考核结果均为 C2 级。萱草公司以王鹏不能胜任工作，经转岗后仍不能胜任工作为由解除

与其的劳动合同。王鹏提起劳动争议仲裁，主张萱草公司无权解除劳动合同，应恢复本人的工作。

自2018年，萱草公司的年度财务报告中均体现公司利润大幅提升，故"萱草电器"股份成为证券市场的明星股。华欣公司于2019年通过二级市场集中交易方式买入"萱草电器"股份，累计约占萱草公司总股本的7%，是萱草公司控股股东。华欣公司的实际控制人为张大翔。2020年，萱草公司董事会讨论年度的财务报告时，投赞成票的董事有刘朋、高云、罗一。董事高甲因病未能出席也没有委托其他董事代为投票，董事大栗以不能保证数据的真实性为由投了弃权票，董事小栗也对该次报告内容的真实性、准确性持有异议。虽然小栗在书面确认意见中发表意见并陈述理由，但萱草公司认为会影响公司股票价格，决定不予披露。监事会主席魏新对定期报告进行审核并签署了书面确认意见。2022年，经证监会查明，萱草公司自2018年起通过虚假记账，使用虚假营销数据，虚增营业收入数亿元，证监会决定给予其行政处罚。萱草公司的股票当即暴跌，投资者损失巨大。

问题：（共22分）

1. 一叶公司可从哪些角度证明没有侵犯萱草公司节水型洗衣机技术的专利权？需要提供哪些证据？（6分）

2. 平安保险公司向甲运输集团追偿的诉讼请求能否得到法院支持？为什么？（3分）

3. 萱草公司根据《员工绩效管理办法》"末位淘汰"的规定解除与王鹏的劳动合同是否合法？（4分）

4. 如王鹏放弃请求恢复工作并主张同时获得违法解除劳动合同的赔偿金和即时辞职的经济补偿金，该主张是否合法？（4分）

5. 因年度报告虚假陈述给证券投资者造成的损失，萱草公司董事以及监事是否应承担赔偿责任？应当如何承担赔偿责任？（5分）

答案 ▶▶▶

1.（1）一叶公司可以自己享有先用权抗辩。（1分）根据《专利法》第75条的规定，在专利申请日前已经制造相同产品、使用相同方法或者已经作好制造、使用的必要准备，并且仅在原有范围内继续制造、使用的，不视为侵犯专利权。

一叶公司应当证明：①在萱草公司的专利申请日之前，自己已经使用该项技术；②在萱草公司获得专利权后，一叶公司没有扩大生产经营或者销售规模。（2分）

（2）一叶公司可以萱草公司技术属于现有技术抗辩。（1分）《专利法》第67条规定，在专利侵权纠纷中，被控侵权人有证据证明其实施的技术或者设计属于现有技术或者现有设计的，不构成侵犯专利权。一叶公司应当证明：①在萱草公司申请该项专利之前，该项技术已经为公众所知；②本领域技术人员通过拆解分析该节水型洗衣机，即可了解相关技术。（2分）

2. 可以得到法院支持。（1分）根据《保险法解释（四）》第7条的规定，发生第三者造成损害的财产保险事故的，保险人有权主张代位行使被保险人因第三者侵权或者违约等享有的请求赔偿的权利。（1分）本案中，虽然乙运输公司是造成事故的侵权方，但甲运输集团是违约方，所以平安保险公司有权选择向甲运输集团主张赔偿。（1分）

3. 解除合同理由不合法。（1分）为了防止用人单位滥用解除劳动合同的权利，根据《劳动合同法》第40条的规定，劳动者不能胜任工作，经过培训或者调整工作岗位，仍不能胜任工作的，用人单位可以解除劳动合同。（1分）此处"不能胜任工作"不等同于"末位淘汰"，所以萱草公司以此解除劳动合同是违法的。（2分）

4. 不合法。（1分）解约补偿金，是指当劳动合同依法解除时用人单位仍然需要支付给劳动者一定数额的金钱。（1分）解约赔偿金，是指用人单位违反《劳动合同法》规定解除或者终止劳动合同的，应当依法向劳动者支付赔偿金。（1分）由于二者的适用前提不同，因此二者不可以同时适用。（1分）

5. 根据《证券法》第85条的规定，因为虚假记载等致使投资者在证券交易中遭受损失的，除了该信息披露义务人、发行人的控股股东要承担赔偿责任外，发行人的董事、监事、高级管理人员和其他直接责任人员等，应当与发行人承担连带赔偿责任，但是能够证明自己没有过错的除外。（1分）本案中，投赞成票的董事有刘朋、高云、罗一，以及监事会主席魏新，他们的连带责任不能免除。（1分）董事高甲未参会，其没有过错，可以免除赔偿责任。（1分）董事大栗和小栗虽然持有异议，但二人没有依照《证券法》的规定直接申请信息披露，给投资者造成损失的，其赔偿责任不能免除。（2分）

案例 3 萱草公司关联交易、增资纠纷案

案情： 2008 年 1 月 3 日，萱草公司召开股东会并作出决议：公司注册资本由 6500 万元增至 1 亿元，增加的 3500 万元由新增股东孙青出资，出资比例为 35%。该笔增资款已经会计师事务所验资，于 2008 年 1 月 4 日存入萱草公司的银行账户。同年 1 月 7 日，萱草公司通过银行汇款 1700 万元给建国公司，同日汇款 1800 万元给福日公司，两公司分别向萱草公司出具了收款收据。建国公司和福日公司的实际控制人均为孙青。对于该两笔汇款，孙青主张是自己向萱草公司的借款，但未能提供借款合同。

2015 年 10 月 2 日，萱草公司召开董事会，作出向孙青送达《催告返还抽逃出资函》的决议，称孙青于 2008 年 1 月 4 日增资后，随即于 1 月 7 日将增资的 3500 万元抽逃，至今未返还给公司，为此通知对方在收到本函后 10 日内向公司返还抽逃的出资本息。同年 11 月 27 日，萱草公司召开临时股东会，审议关于解除孙青公司股东资格。该次股东会，经董事会提前 15 日通知，孙青未到会，另一股东李某某（持股 35%）既未参加此次股东会亦未委托他人代为行使表决权。其他股东刘某、陈某等人到会，参加会议的股东持股比例为 30%，经参会股东 2/3 以上表决权的股东同意，会议通过了解除孙青公司股东资格的决议。参会股东均在决议中签字确认，但是孙青反对该除名决议。[1]

2016 年，萱草公司总资产达到 5000 万元，公司还有一笔未到期的银行贷款 800 万元。萱草公司准备进行股份制改造，同年股东会作出决议，决定将萱草公司变更为股份公司以为将来上市做准备。该次股东会同时作出决议，全体股东同意由三叶公司增资 1850 万元。三叶公司与萱草公司及现有股东签订了《增资协议》，约定三叶公司将 1850 万元投入萱草公司。魏新向三叶公司出具了一份《承诺书》，承诺萱草公司的对外债务包括或有债务已经全部无遗漏地告知三叶公司。三叶公司履行了出资义务，萱草公司向其出具出资证明

---

〔1〕 该段案情改编自"张雁萍、臧家存公司决议纠纷案"〔（2018）最高法民再 328 号〕。

书。在随后对萱草公司财务的进一步调查中，三叶公司发现萱草公司对外所欠债务数额远远超出《承诺书》中所承诺的无遗漏之债。经查，萱草公司隐瞒了一笔大额担保债务，三叶公司以《增资协议》存在欺诈为由主张返还增资款。

2017年，萱草公司召开股东会，讨论萱草公司受让股东一冠公司的所有债权、债务。该次会议由董事长魏新召集主持。魏新是由一冠公司委派到萱草公司担任董事长的。该决议经股东会全体股东54%表决权通过，但另一股东华驰公司投反对票。随后，萱草公司和一冠公司签订《债权债务转让协议》。现查明，对于一冠公司转让给萱草公司的债权，一冠公司所提交的证据不足以证明其将相关债权凭证移交给萱草公司并通知债务人，结果导致大部分债权无法实现。而一冠公司转让给萱草公司的债务，在魏新的主导下，萱草公司已经替代一冠公司将大部分债务偿还完毕。华驰公司认为该关联交易损害了萱草公司的利益，应当无效。

萱草公司于2020年顺利成为上市公司，但2023年5月，经证监会查明，萱草公司利用虚假提升相关商品销售收入、成本、利润率等关键营销指标，通过财务不记账、虚假记账等方式，虚增营业收入逾亿元，并通过多种渠道对外广泛宣传、使用虚假营销数据，欺骗、误导相关公众。该消息一出，萱草公司的股票当即暴跌，数万投资者损失巨大。飞跃会计师事务所（特殊普通合伙）为萱草公司该次增资出具审计报告，签字注册会计师为合伙人杨某，锦华律师事务所出具法律意见书。

问题：（共28分）

1. 对于萱草公司作出的除名决议，孙青是否享有表决权？（4分）

2. 萱草公司于2015年11月27日作出的股东会决议，效力如何？（4分）

3. 三叶公司主张因《增资协议》被撤销，请求返还已支付的增资款及利息损失，能否得到法院支持？（5分）

4. 萱草公司和一冠公司签订的《债权债务转让协议》是否有效？应当如何处理？（4分）

5. 萱草公司变更为股份公司应当满足哪些条件？本案变更公司形式应折合股份的最高数额是多少？（5分）

6. 萱草公司因证券欺诈给投资者造成的损失，应当由谁对投资者承担赔

偿责任？如何承担？（6分）

答案 ▶▶▶

1. 不享有表决权。（1分）在拟被除名股东没有任何出资或抽逃全部出资的情况下，其不应享有股权，也不应享有表决权，其所持股份不应作为计算法定表决比例的基数。（1分）并且，解除股东资格是形成权，在符合一定条件下，公司享有单方面解除未履行出资义务或抽逃全部出资股东的股东资格的权利。（1分）如果认为被除名的股东仍然享有表决权的话，那么《公司法解释（三）》第17条关于"除名权"的规定将会被虚置，失去其意义。故孙青不享有表决权。（1分）

2. 决议不成立。（1分）鉴于被除名股东孙青不享有表决权（1分），该项决议应由剩余65%表决权的1/2以上表决权多数通过才合法有效（1分）。本案仅有30%表决权的股东出席会议，未达到法定表决权比例，根据《公司法》第27条的规定，该次股东会决议不成立。（1分）

3. 能够得到支持。（1分）增资款尚未在工商登记部门办理变更登记的，公司债权人尚无需要保护的信赖利益（2分），此时解除《增资协议》并请求返还增资款，并不涉及因抽逃出资或不按法定程序减资损害公司债权人利益的问题。

故三叶公司有权要求返还增资款。（2 分）

4. 协议有效。（1 分）

公司的控股股东等相关主体利用关联关系损害公司利益，给公司造成损失的，应当承担赔偿责任。（1 分）若公司没有提起诉讼，符合条件的股东可以提起股东代表诉讼。（2 分）

5. 有限责任公司变更为股份有限公司时，应当满足下列条件：

（1）应召开股东会，作出变更公司形式的决议，且决议必须经代表 2/3 以上表决权的股东通过。

（2）变更为股份有限公司时，应当符合设立股份有限公司的条件。

（3）变更为股份有限公司时，折合的实收股本总额不得高于公司净资产额。公司变更前的债权、债务由变更后的公司承继。（3 分）

本案折合股份的最高数额为 4200 万元。（2 分）

6. （1）萱草公司是信息披露义务人，应当承担赔偿责任；（1 分）

（2）萱草公司的控股股东、实际控制人、董事、监事、高级管理人员和其他直接责任人员以及保荐人、承销的证券公司及其直接责任人员，应当与发行人承担连带赔偿责任，但是能够证明自己没有过错的除外；（1 分）

（3）飞跃会计师事务所、锦华律师事务所所制作、出具的文件有虚假记载，给投资人造成损失的，应当与萱草公司承担连带赔偿责任，但是能够证明自己没有过错的除外；（2 分）

（4）根据《合伙企业法》第 57 条第 1 款的规定，杨某在执业活动中因故意或者重大过失造成合伙企业债务的，应当承担无限责任或者无限连带责任。（2 分）

声　明　　1. 版权所有，侵权必究。

2. 如有缺页、倒装问题，由出版社负责退换。

图书在版编目（CIP）数据

主观题采分有料. 商法 / 鄢梦萱编著. -- 北京 ： 中国政法大学出版社，2024. 7. -- ISBN 978-7-5764-1571-1

Ⅰ. D920.4

中国国家版本馆 CIP 数据核字第 2024Y62Z96 号

出 版 者　　中国政法大学出版社

地　　址　　北京市海淀区西土城路 25 号

邮寄地址　　北京 100088 信箱 8034 分箱　邮编 100088

网　　址　　http://www.cuplpress.com (网络实名：中国政法大学出版社)

电　　话　　010-58908285(总编室) 58908433 （编辑部） 58908334(邮购部)

承　　印　　三河市华润印刷有限公司

开　　本　　787mm×1092mm　1/16

印　　张　　8.75

字　　数　　215 千字

版　　次　　2024 年 7 月第 1 版

印　　次　　2024 年 7 月第 1 次印刷

定　　价　　55.00 元